藏傳佛教的財寶本尊

財神小百科

橡樹林

目錄

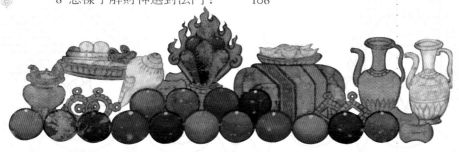

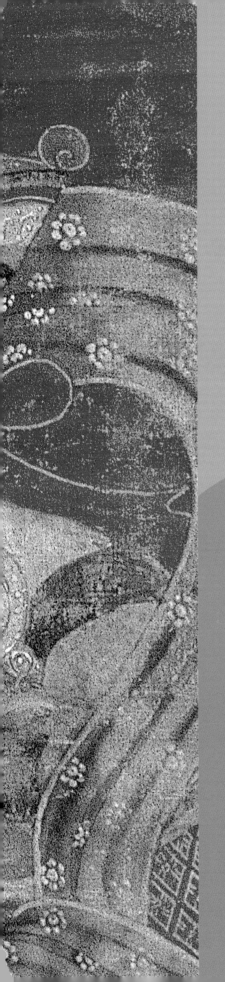

1

財神護法
從天上傾倒財寶的大護法神

財神護法是藏傳佛教世界最受歡迎的財神，
騎著雪獅，有著戰士般的威武身軀，
右手拿著勝利幢，象徵戰勝、所向無敵，
左手握著肥碩的吐寶鼠，
從天上傾倒源源不絕的財寶福德，
讓國庫豐盈、風調雨順、國泰民安。

財神護法的基本檔案

名字●「毗沙門天」或「多聞天」，梵語Vaishravana，
　　　藏語 nam to se tag shon

起源●源自古印度神祇俱毗羅(Kubera)

屬性●護法神，掌管世間財富

住所●須彌山的北方

族部●五方佛之南方寶生佛所化現

重要辨識特徵●雪獅、吐寶鼠、勝利幢

部屬●八馬主、四大天王、五姓財神藏巴拉

功能●國泰民安、風調雨順、國家財庫豐盈

財神護法心咒

[梵語] Om vaishravanaya svaha
[音譯] 唵 毗沙門那耶 娑婆訶
[解釋] Om唵：宇宙最原始的聲音，是許多咒語的起始語，意思是「啟請」。Vaishravanaya = Vaishravana + ya，表示啟請的對象是毗沙門天。svaha 娑婆訶，是咒語常見的結尾語，意為吉祥、圓滿。

依據佛典記載，佛陀涅槃時，付囑四大天王於未來世邪見王毀滅佛法之際護持佛法，當時毗沙門天王頂禮佛前，應允率領一切眷屬來保護佛弟子。他說：

如果有人聽聞我的名字、知道我，我即會在他左右護佑他，如保護自己眼睛和自己的性命一般，不使諸惡事惱害他。如果有人侍奉我像國王一般，我也以國王對待他。如果有人以財富、歡喜、妙樂等一切美好的事物供養我，我的身口意加持便會在他的身上，愛念他無量，求官求財，乃至一切所有富貴、安樂、端正、男女、奴婢、車乘、五穀、豆麥、田莊、妻妾，成就一切樂具，隨其願不相違背。常持誦我咒，我隨此人坐臥，出入往來，若每日誦一百零八遍，可減去身中一百零八劫罪，滿一萬遍，能減八萬四千十惡五逆重罪，破塔破戒不孝之罪悉皆消滅。

若能每日日中時面向北方，對我像前盡形供養誦咒滿三十萬遍，我即示現大將身手持劍戟於前，或於夢中，或於遠山頂，令其得見滿諸願望，如不見我身，我亦隨其願望應念加被。（唐不空譯《北方毗沙門天王隨君護法儀軌》）

只要接受財神護法灌頂者，若於本尊面前祈求，並精勤持誦咒語，常行慈悲善行，利樂一切眾生，藉由本尊財神護法的大力加持，可以事業順利，鴻圖大展，求財滿願，快速相應。

財神護法的故事

毗沙門天就是財神護法

財神護法，梵名Vaishravana，一般音譯為「毗沙門天」。梵語Vaishra-vana，其中vaishra意思是多、廣、遍，vana是聽聞的意思。所以Vaishravana一般意譯為「多聞天」，音譯為「毗沙門天」，這名字對佛教世界來說，鼎鼎大名，一點也不陌生。

毗沙門天原來自印度，是古印度神話裡的神祇，稱為「俱毗羅」(梵語Kubera)，屬於夜叉神。在著名的印度神話史詩《摩訶婆羅達》、《羅摩衍那》裡，「俱毗羅」便又叫做毗沙門天，是同一尊神祇，後來被印度的創造之神大梵天授予「北方守護神」與「財寶神」的職務。

當佛教在印度發展起來以後，毗沙門天便時常以「四大天王」的北天王，出現在佛陀故事中，護衛佛陀與佛法。

爾後，毗沙門天隨著佛教傳播，一路從印度來到中亞、中國、西藏以及日本等地，都是一號響叮噹的神祇。中亞人視他為戰神；中國人視他為鎮守世界北方的北天王多聞天；日本人視他是帶給人們福氣的七福神之一；而在西藏地區，毗沙門天的地位更高，他同時是護法神(Dharmapala)和宇宙法王(Dharma King)的角色，具有護衛宇宙四方，以及施予眾生財富、成功和勝利的能力。由於有護法神的屬性，因此，毗沙門天稱為「財神護法」。

[梵語]	Vaishra	vana
[原義]	多、廣、遍	聽聞
[意譯]	多聞天	
[音譯]	毗沙門天	

財神護法毗沙門天
此尊為十八世紀作品。毗沙門天，金黃膚，身著戰袍，面容威武嚴肅，左手持吐寶鼠，右手持勝利幢，乘坐在雪獅上。(陳慶隆先生提供)

毗沙門天是著名的八大護法之一

在西藏世界裡，有八位重要的護法神，稱爲「八大護法」或「八大怖畏」，財神護法是其中的一位。

這八位護法包括：

(1) 大梵天(Brahma)──掌管白畫

(2) 摩訶迦羅(或稱爲大黑天， Mahakala)──帳篷護神，掌管黑暗

(3) 戰神比哈爾(Begtse)──掌管戰爭

(4) 財神護法毗沙門天(Vaishravana) ──掌管財富

(5) 閻魔天(Yama)──掌管地獄、死亡

(6) 閻曼德迦(或稱爲大威德金剛， Yamataka)──征服死亡

(7) 馬頭觀音(Hayagria) ──管護壇、除障

(8) 吉祥天女(Sridevi)──解除災難

◎護法神的長相

護法神，梵語 Dharmapala ，其中， Dharma 是佛法的意思， pala 意指保護，兩字結合爲護法，顧名思義就是護持佛法之神。在漢地則將護法神稱爲「怖畏」或「明王」。

一般而言，菩薩大多是慈顏善目，而護法神大多是以忿怒相來象徵法力與戰勝愚昧無知。護法神的特徵包括：深藍色或黑色膚，臉上有第

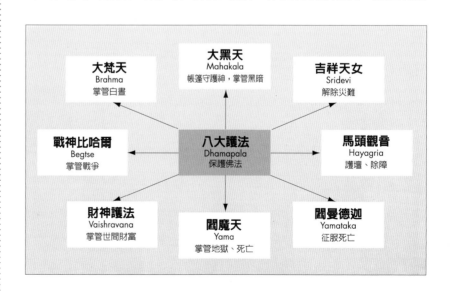

寂靜相 　　　　　　寂忿相 　　　　　　忿怒相

三隻眼、怒髮衝冠、濃眉瞋目、捲舌露牙，身上穿著虎豹皮裙，佩帶五骷髏冠、骷髏頭長項鍊等等，狀甚恐怖。

其實，護法神是一個面惡心善的菩薩。祂的忿怒形貌，並不是來嚇唬人的，而是來去除那些會干擾眾生幸福的蔽障力量。同時這種忿怒相更是一種慈悲的表現，象徵佛陀的慈悲能將毀滅力量轉變成通往菩提道的力量。

不過，在西藏護法神當中，財神護法毗沙門天可謂例外，祂沒有第三隻眼，沒有戴五骷髏冠，也沒有穿虎豹皮裙，而是寧靜威武的容貌，表現出戰神以及財神的雙重屬性。祂一開始是扮演守衛的角色北天王，具有戰鬥的屬性。但後來人們賦予祂財神的角色，所以我們可以在祂身上看到兩種屬性——戰鬥及財富屬性的結合。

◎護法神的任務

護法神除了護持佛法之外，並負責饒利眾生功利事業，具有息災、增益、敬愛、降伏面的濟世功德，如事業護法，祂就像國防部長，只要僧眾稍為破戒、或洩漏本尊的祕密，事業護法一定加以懲罰。像大梵天專管白晝，大黑天護法專管黑暗世界，吉祥天女管消災，閻曼德迦是死亡的終結者。財神護法是專門管理天上的財庫，就像中央銀行總裁，但因祂又兼具有戰神的身份，所以祂的職銜就好比是國防部長兼中央銀行總裁。

藏傳佛教的神祇面容

藏傳佛教諸神祇的面容可分為三類，由左至右分別是：寂靜相、寂忿相、忿怒相。寂靜相是佛菩薩寧靜慈悲的面容。忿怒相則是護法神的面容，特徵是火熾濃眉、三眼怒目、捲舌露齒的凶惡狀。寂忿相的面容介於寂靜相和忿怒相之間，感覺像在生悶氣或微怒的樣子，沒有狂暴忿怒的赤髮衝天，而是菩薩的整齊漂亮的髮髻，像勝樂金剛、時輪金剛便是這樣的面容。

毗沙門天也是尊貴的宇宙法王

法王(Dharma King)是藏傳佛教中非常特殊的角色,他們負責保護佛法與宣揚佛理,他們可以是來自人世間、神秘的國度或宇宙空間。毗沙門天便是宇宙空間的法王,他居住在須彌山的北方,率領龐大軍團與眷屬,護衛宇宙四方,讓佛法廣傳,並施予眾生財富、成功與勝利。宇宙空間的四大法王是:東方持國天(Dhrtarastra)、西方廣目天(Virupaksa)、南方增長天(Virudhaka)和北方毗沙門天(Vaishravana)。

而傳說中神秘香巴拉王國(Shambhala)的三十二位國王,則是神祕國度中的著名法王。據聞香巴拉位於地球北方某個隱祕的地方。依據《時輪金剛坦特羅》(Kalachakra Tantra),香巴拉國王目前統領香巴拉國度,在未來幾世紀他將顯現,爲拯救世界而奮戰,促使世界免於暴政,引領世人導入一個和平的黃金世紀。

至於,在人世間也有許多著名的法王。西藏歷史上三位著名的法王,他們是篤信佛教的三位西藏國王:松贊干布(Songtsen Gambo,617-650在位),人們相信他是觀世音菩薩的轉世,首度將佛教引進西藏;赤松德贊(Trisong Detsen,755-797在位),傳說是文殊菩薩的轉世,他爲西藏及中亞地區廣興廟宇;赤熱巴堅(Tri Relwajen,815-836在位),傳說是金剛手的轉世,在西元九世紀中葉西藏佛教慘遭破壞之前弘揚佛法。而當今西藏世界的領袖達賴喇嘛也是法王。

❶	❷
❸	❹

右頁圖:西藏布達拉宮的四大天王圖
四大天王分別是:❶ 東天王「持國天」,白膚,特徵是持一把琵琶。❷ 西天王「廣目天」,紅膚,手持蛇和塔。
❸ 南天王「增長天」,藍膚,手持長劍。❹ 北天王「多聞天」,金黃膚,手持吐寶鼠和勝利幢。(王麗娜女士提供)

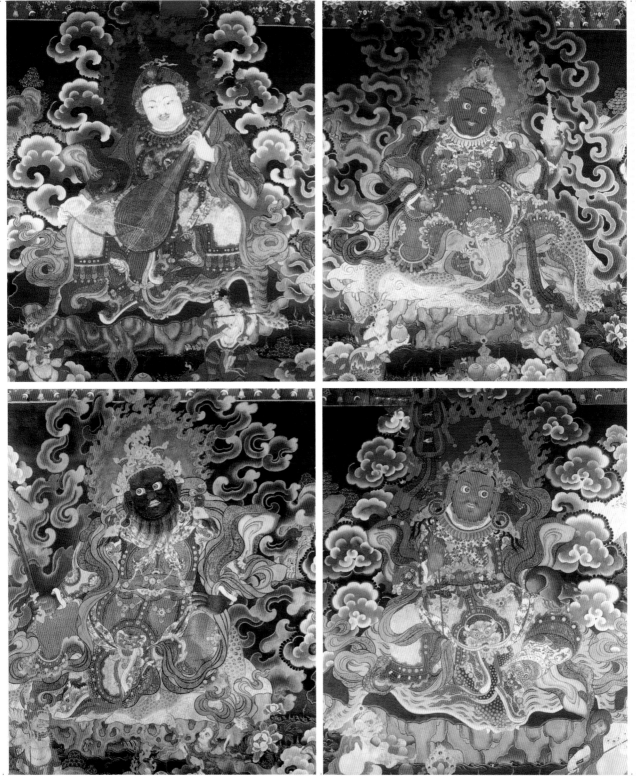

毗沙門天從一介夜叉變成財神護法的經過

◎來自印度的守護神

毗沙門天源自印度古代神話，原叫俱毗羅（梵語Kubera，或叫俱肥羅、金毗羅，原義：醜形身），在印度神話史詩《摩訶婆羅達》、《羅魔衍那》裡又稱爲毗沙門天。關於俱毗羅的出生有各種不同的傳說。

在其中一個傳說裡，俱毗羅是印度的創造之神大梵天讓母牛懷孕所生下的兒子，因不擅長爭強鬥狠，因而被異母兄弟羅刹王逐出蘭卡（現在的斯里蘭卡）的都城，後移居到凱拉斯山的都城阿羅迦。俱毗羅雖被逐出家門，但因素行良好，加上千年苦修，受到大梵天賜他不死之身，不僅成爲財神，也是北方的守護神。俱毗羅在印度的重要性與象頭神伽尼沙並駕齊驅。

◎進入佛教世界

毗沙門天到了佛教，成了「四大天王」裡的北天王，他統率夜叉部眾，駐守在世界中心須彌山的北方。所謂「四大天王」便是：東方持國天、西方廣目天、南方增長天和北方毗沙門天。這四位守護神，在佛教世界一直肩負著守護宇宙的使命。他們的故事普遍記載在佛教經典中。

原始佛教經典《長阿含經·大會經》中便記載：「東方，提頭賴托(持國)天王統率諸乾達婆⋯⋯。南方，由毗樓勒叉(增長)天王統率諸龍王⋯⋯。西方，由毗樓博叉(廣目)天王統率諸鳩槃茶鬼⋯⋯。北方天王，名毗沙門天，統率諸悅叉(夜叉)鬼⋯⋯。」

許多佛傳故事常見到四大天王的身影，例如悉達多太子騎馬踰城離家出走，四大天王各托住太子座騎的四隻馬蹄，騰空出城。這時候的四大天王並非天將打扮，手上也沒有執武器，而是上半身裸露，戴頭巾的貴族形

印度神祇俱毗羅
俱毗羅原來是夜叉之王，後來變成佛教的北方守護神毗沙門天，最大的特徵是有一個鼓起的啤酒肚，樣子討喜。(林許文二先生提供)

象。同時由於長相都一樣，所以也很難辨別出哪一個是毗沙門天。另外在《大集經》中也記載，守護我們所居住之娑婆世界(閻浮提界)的佛教地區，是過去、現在與未來諸佛一致囑咐毗沙門天的重大責任。

佛傳雕刻裡的四大天王
在桑奇佛塔的佛傳雕刻中，悉達多太子騎馬踰城出走，四大天王托住四個馬蹄，騰空出城。這時候的四大天王並非天將打扮，而是上半身裸露，戴頭巾的貴族形象。(林許文二先生提供)

◎守護佛法的多聞天與西域戰神

到了中國，四大天王經常被畫在寺院廟宇的外牆，守護佛法與寺院。只不過對於毗沙門天，中國人反而喜愛稱呼祂的另一個名字：多聞天。中國隋朝嘉祥大師吉藏的《法華義疏》中曾提到：「此神尊守護佛尊道場，不斷傾聽說法，故稱多聞。」照吉藏的說法，中國人認為做為守衛佛法道場的北天王，一定聽聞了許多佛法，所以叫祂做多聞天，倒也符合梵語的原來意思。

此外，毗沙門天在西域還是個戰神。相傳在唐玄宗天寶元年(西元742)，鎮守西域的唐軍安西都護府受外敵包圍，因路途遙遠，救兵無法馬上趕到，唐玄宗於是請不空三藏祈求毗沙門天王護持，不空三藏唱誦「仁王護國般若波羅蜜多經陀羅尼念誦儀軌」，召請毗沙門天王神兵應援。

據說作法後，天空中突然鼓角喧鳴，毗沙門天王的兒子率領神兵出現於西方邊境的雲霧間，只見雲霧中一人身長一丈，約三五百人盡著金甲，至西後鼓角大鳴，聲震三百里，地動山崩，三天未停，五國大懼紛紛退兵，而敵方營隊中，還出現無數金色的老鼠咬壞弓箭及弓弦，器械損壞殆盡，不堪使用。此時，在城牆北門上，出現了金光閃閃的兜跋毗沙門天，敵方因此畏懼不已而潰散。

傳說自此以後，西域地帶便出現了手持寶鼠的毗沙門天造相，當時的于闐國(位於新疆，今和闐)尊奉毗沙門天為戰神，信仰極盛。

敦煌石窟的兜跋毗沙門天畫像
毗沙門天穿著西域戰甲，雙手分持寶塔和三叉戟。所謂「兜跋」據說是西域地區的一個國名。

◎進入西藏世界

當佛教從印度經過中亞傳入漢地時，另一方面也跨過喜馬拉雅山來到了西藏(這是西元七世紀的事情)。隨著佛教的傳入，毗沙門天也來到西藏，並不斷擴張他的任務與職位。

來到西藏的毗沙門天依然是個威武的戰士，手持勝利幢和吐寶鼠，有一頭雪獅座騎。獅子座騎代表著護法神的屬性。也就是當須彌山上其他三位天王還在做守衛神時，毗沙門天搖身一變成了西藏地區的財神護法，他所肩負的重要任務除了護衛佛法之外，還掌管了世間財富。

做爲財神護法，毗沙門天的身邊多了一組軍隊「八馬主」，也就是一般說的八駿財神，分別有八位武將統領各自的部隊與眷屬。他們從天上傾倒珠寶，滿足眾生積聚福德資糧，以利益修行。就連西藏的國王都得仰仗他來讓國家財庫豐盈、國泰民安。

在西藏古代記事中，財神護法曾恭請蓮花生大師傳授佛法給西藏國王赤松德贊，並由特殊儀式募得經費，以興建西藏第一座密宗佛寺桑耶寺，從事佛法教化活動。所以，財神護法聚財的目的，不是爲了享受榮華富貴，而是爲了廣興佛法！

西藏的毗沙門天
西藏地區的財神護法毗沙門天，著戰袍，騎雪獅，左手握吐寶鼠，右手持勝利幢。此為十九世紀作品。(觀想藝術提供)

敦煌石窟的毗沙門天
在中國的敦煌、雲岡、龍門石窟，都有四大天王的圖像。此圖為敦煌石窟的毗沙門天，左手持寶塔，右手持寶棒。

財神護法的法相

財神護法毗沙門天的主要形象是：

金黃色身軀，一面二臂，身著戰袍，面容威武嚴肅，左手持口吐各種珍寶的吐寶鼠，右手持勝利幢，以雪獅爲座騎。祂的周圍是統領八路財庫的八馬主，以及護衛四大天王，有時還有五姓財神藏巴拉會畫於畫底。

●判識關鍵

1 吐寶鼠
2 勝利幢
3 雪獅座騎
4 八馬主（軍團）

持物

吐寶鼠

吐寶鼠，梵語 nakala，藏語 newlay，尾巴
細長的大黃鼠。吐寶鼠是財神屬性的重要
持物，只要看見手握肥鼠的神祇，就一定
具有財神屬性。在印度世界，這個大黃鼠
原是象鼻神的座騎，後來演變成手中的持
物，傾倒財寶。財神護法左手抱著大肥
鼠，不時輕壓大肥鼠的肚皮，讓寶石卜通
卜通地從大肥鼠嘴巴掉下來，以圓滿人類
求財的願望。

吐寶鼠

勝利幢

勝利幢，梵語 dhvaja，又稱為寶幢。象徵
護衛佛法，戰勝一切邪魔歪道。

雪獅座騎

騎著一頭雪獅，是財神護法重要識別標
誌。雪獅是護法神的座騎，顯示財神護法
具有護法神屬性。

勝利幢

雪獅

軍團

八馬主

在唐卡中，財神護法一出現，八位握鼠、騎馬的神將一定隨侍在旁，一般稱為八馬主。馬主的梵語yaksha，原義是大力士，通常音譯為「夜叉」。因此，八馬主所代表的就是經典上所說毗沙門天統領的夜叉部眾。

這八位身穿鎧甲的騎士，他們是戰鬥者，所以面容比較兇，不像黃財神般面帶笑容。由於他們是侍從，因此只能騎馬，不能騎獅。通常他們是駿馬奔騰，有時肩上會扛著重重的寶袋，能從袋裡倒出珠寶和吉祥寶物。

八馬主有自己的部眾與眷屬，龍女便是他們的眷屬。在印度教中龍女原是生產、繁殖的意思，供奉之後即可豐收，因此也具有財富的意涵。

四大天王

當毗沙門天做為財神本尊時，除了八馬主為他的部將之外，須彌山的守護神四大天王出來擔任他的護持者。他們是東方持國天、西方廣目天、南方增長天、北天王毗沙門天。財神護法和北天王，宛如主尊與分身一般，只不過北天王在這裡並沒有財神屬性。

藏巴拉

藏巴拉，梵名Jambhala，也就是一般所說的五姓財神，其中的黑財神、黃財神，有時也被畫入財神護法唐卡裡，做為守護神，加強財神護法的軍隊陣容，讓他所向無敵。

財神護法的軍團

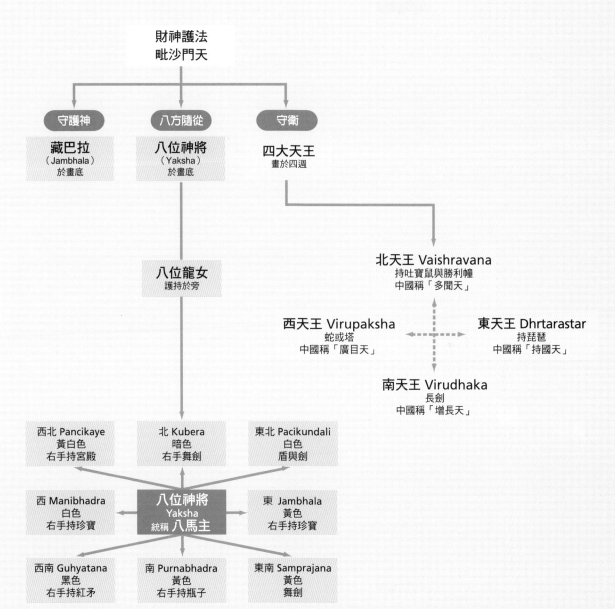

財神護法毗沙門天經常為國王、貴族或平民百姓帶來財富及平安等現世利益，因此人們不斷為他加官進祿，增加配備或人員。八馬主、龍女和四大天王就是他所統領的軍隊與眷屬，後來又增加了藏巴拉守護神。

財神護法唐卡賞析

這是一張十五世紀西藏中部地區的老唐卡。這幅唐卡呈現了三件事情：一是財神護法的宮殿，二是財神護法的財神軍團和眷屬，三是財神護法恭請蓮花生大師傳法和蓋西藏桑耶寺的故事。

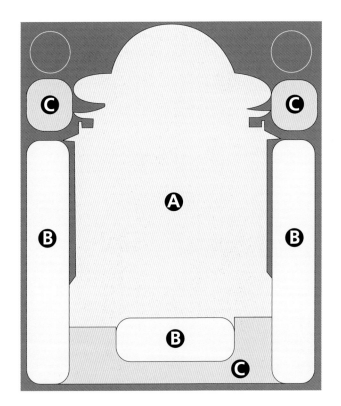

Ⓐ 黃色部份：財神護法的宮殿

Ⓑ 綠色部份：財神軍團和眷屬

Ⓒ 紅色部份：財神護法恭請蓮花生大師傳法和蓋西藏
　　　　　　桑耶寺的故事

財神護法唐卡，西藏中部地區，
可能是倉區(Tsang)，十五世紀，
薩迦派唐卡，98.4 x 82.9cm，
Michael McCormick 收藏。

Ⓐ 財神護法的宮殿

◎財神護法的宮殿在須彌山淨土，是一座三層樓的美麗宮殿。財神護法毗沙門天端坐在第一層主殿裡。

◎中間層宮殿有三位神祇，由左至右分別是：❶金剛薩埵、❷金剛總持、❸金剛手

◎最上層宮殿是 ❹ 三位喇嘛，其中兩位戴黃色班智達帽子。

◎宮殿外圍兩邊分別是四大天王，守護著宮殿。(❺❻❼❽)

◎在宮殿屋頂左邊有❾一長翅膀的神祇正在傾倒珠寶袋，而屋頂右邊則是❿大鵬金翅鳥。大鵬金翅鳥是藏傳佛教中重要的護法之一，由金剛手菩薩所幻化的，代表智慧。

◎⓫毗沙門天，騎著雪獅，右手持勝利幢，左手握吐寶鼠，吐出來的珠寶有國王的耳環、珊瑚、象牙等等。

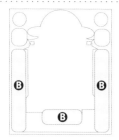

❸ 財神軍團和眷屬

◎宮殿兩側各有四個紅色光輪，分別是八位馬主。每位馬主各有一位眷屬龍女，她們是掌管世界財富。在印度教中龍女原是生產、繁殖的意思，供奉可得豐收，因此也具有財神的意涵。

◎主殿下方有數位神祇，包括了黃藏巴拉(黃財神)與黑藏巴拉(黑財神)，還可看到一個人模樣與一位馬頭人身的神祇正在準備供品。這些都可算是財神護法的外圍兵團了。

黃藏巴拉(黃財神)與黑藏巴拉(黑財神)

八馬主

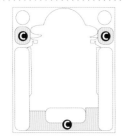

ⓒ 財神護法法恭請蓮花生大師傳法和蓋桑耶寺的故事

◎在唐卡的左右上角繪有傳承的祖師。左上角有一位穿著皇室顏色的高貴衣裳的喇嘛，可能是❶薩迦五祖之一。右上角可能是印度大成就者❷毘儒巴(Virupa)，以神通著名，他是薩迦派傳承的主要祖師。

◎宮殿頂端的左側繪有❸金剛總持，對應的右側則是 ❹ 釋迦牟尼佛。

◎在藍色的天空中，左邊可能是❺蓮師與佛母曼達拉母(Mandarava)，右邊則是❻妃后益西松格(Yeshe Tsogyal)，兩邊都撐有一把寶傘，代表皇室的尊貴地位。

◎唐卡左下方，一棟兩層樓建築物中，二樓坐著一位喇嘛，在他面前是一缽滿滿的珠寶，可能是印度的❼寂護大師(Shantarakshita)。對應唐卡右下方的樹下，手中持寶瓶者可能是❽赤松德贊。在喇嘛跟藏王之間的下方，出現一個❾頭戴紅帽的騎馬仕紳，伴隨一個隨從及三匹馬，從藏王的方向走向喇嘛。這應該就是描繪寂護大師受藏王赤松德贊之邀，協助興建桑耶寺的故事。

◎這樣的場景配合蓮花生大師與他的皇后場景，是敘述財神護法恭請蓮花生大師傳授佛理給赤松德贊，並由特殊儀式募得經費，以興建桑耶寺，來從事宗教上的學術活動。

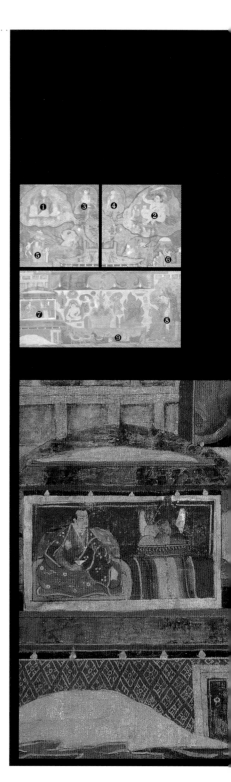

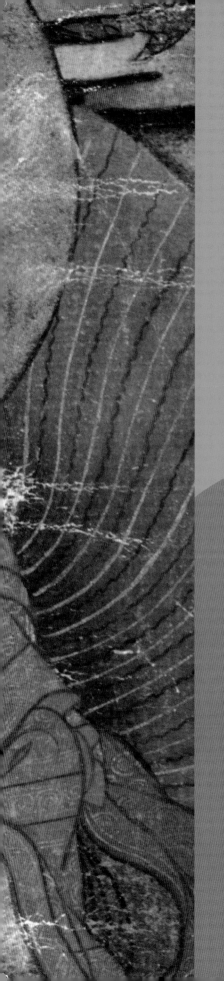

2

蓮師財神
蓮花生大師示現的財神王

蓮花生大師是藏傳佛教的教主，
也是歷史上修持境界很高的大成就者，
為了讓眾生免於貧困，積聚福德資糧，
進而努力修持脫離輪迴苦海，
因而示現蓮師財神修法，
這是一切財神的總聚，財神中的財神王。

蓮師財神的基本檔案

名字●梵語 Padmasambhava，藏語 pa ma jung ne

起源●蓮花生大師的伏藏法

屬性●由蓮花生大師所示現的財神王

住所●銅色山淨土

重要辨識特徵●寶瓶、吐寶鼠、金剛骷髏杖

經典或儀軌●上師心意行破一切魔難修財神寶瓶儀軌

功能●使佛教興盛，教法廣宏，調伏三界眾生；積聚財

　　　富、福德、威權、名聲資糧；可以長壽

蓮花生大師的心咒

[梵語] **Om ah hum vajra guru padma siddhi hum**
[音譯] 唵 阿吽 班雜 咕嚕 貝瑪 悉地 吽

◎心咒的意義

金剛上師蓮花生大師以無比慈悲的心咒，將悲智圓滿加注在每一位持誦者的心中。因此當我們念誦此咒語祈請他時，將獲得廣大圓滿的加持與福德。以下說明蓮花生大師心咒的意義：

Om ah hum（唵阿吽）：這三字是梵語最重要的種子字，是一切諸佛真言密咒的根本，代表諸佛法、報、化三身，也代表諸佛的身、語、意。

vajra guru（班雜 咕嚕）：即「金剛上師」。vajra 即金剛之意，具有堅固不壞的特性，引申為能摧碎一切，而堅牢永不能壞的力量。guru的意思是具力者、或上師。

padma siddhi（貝瑪 悉地）：即「在蓮花中誕生的大成就者」。padma即是蓮花，傳說蓮花生大師是誕生在蓮花中。siddhi 即是成就，指蓮花生大師是達到證悟的大成就者。透過他的加持，一切身心障礙都可清除。

hum（吽）：這是咒語常見的結束語，如同宣示：「如是！如是！」

◎心咒的功德利益

每天持誦蓮師心咒一百零八遍不間斷者，會變得受到其他眾生喜愛、以及自己財富受用具足。如果能夠唸誦十萬遍、百萬遍、千萬遍，其威嚴能夠攝受三界以及三界眾生，利益他們。如果唸誦超過三千萬遍，甚至更多，能不離於三世諸佛，與三世諸佛無別，能夠攝受人天、天龍八部、夜叉、神鬼，能夠召喚他們去行使息、增、懷、誅任何事業，並且皆能任運圓滿。特別是當有種種疾病、饑荒、事業不順、財富不增，為了避免及逆轉這些情形，唸誦蓮師心咒會有很大幫助。

蓮師財神的故事

「第二佛」蓮花生大師

◎藏傳佛教教主

蓮花生大師，梵名 Padmasambhava，其中，padma 意為蓮花、紅蓮，sam-bhava 乃指「一起 - 存在（之事）」，故有「性交、同棲、出生、存在」等含意，古漢譯多將之譯為「生」。因此，Padmasambhava 一般譯為「蓮花生大師」。

蓮花生大師是藏傳佛教的開宗祖師，也是寧瑪派的祖師爺，在八世紀末時，應藏王赤松德贊之請到西藏大開佛教密法寶藏，並建立了第一所密宗寺院桑耶寺，是藏傳佛教的偉大人物，被視為「第二佛」，藏族人民至今仍親切地稱他為「咕嚕仁波切」(Gulu Rinpoche)，亦即「寶貝上師」的意思。

◎藏人尊稱第二佛

釋迦牟尼佛曾在密續經典《至善本性的圓滿化現》中說：「在我涅槃後八年，我會以蓮花生的名字，再次顯現於此世。我將成為密咒乘教法之怙主。」蓮師繼釋迦牟尼佛之後來到娑婆世界，成為密乘教主，所以藏地人尊稱他是「第二佛」。而且大家深切相信，已證悟虹光身的蓮花生大師，現在依然在我們所生活的娑婆世界中教化著眾生，如同虛空中繁星一般地引導眾生走向成佛之道。

密乘經典記載，蓮花生大師是阿彌陀佛、觀世音菩薩、釋迦牟尼佛的身、口、意三密的總集顯現，利益世間眾生而降臨娑婆世界。他能調伏各種心魔與外敵，並幫助眾生得到世間、出世間的一切功德，具足息災、增益、懷珍、誅殺四功能。藏人也相信蓮花生大師是文殊菩薩、觀音菩薩和金剛手菩薩三尊合一的化身，集智慧、慈悲和伏惡的

[梵語] Padma　sambhava
[意譯] 蓮花　　出生
[譯名] 蓮花生

蓮花生大師唐卡
蓮師在西藏擁有崇高的地位，人稱藏傳佛教教主。常見的法相是穿皇室裝束，頭戴法冠，左肩倚著一支金剛骷髏杖，左手持嘎巴拉(人頭骨缽)，右手持金剛杵，坐在蓮花座上。（陸美麗女士提供）

力量於一身，擁有無邊法力。他所示現的弘法事蹟，直到今日，依然被藏人傳誦不絕。

◎示現財神度化眾生

蓮花生大師原本不是財神，而是歷史上修持境界很高的大成就者，爲何要化身爲財神呢？因爲在末法時期，爲使眾生免於貧困之苦，並積聚功德、聲名、權勢、和睦及財富資糧，進而究竟成佛，特地根據眾生的心智所做的示現。因此蓮師財神是蓮花生大師所示現的財神，是一切財神的總聚，也就是財神中的財神王。

從烏萇國王子到藏傳佛教教主

◎蓮花中誕生的王子

根據藏史記載,蓮花生大師生於西元八世紀。當時,在印度西方烏萇國(梵文Uddiyana或Udyana,在現今的巴基斯坦)一處隱密的湖泊中,長出了一朵奇特的蓮花,花蕊上端坐著一位相貌俊秀的小孩,烏萇國的自在慧王經由大臣慈拉尊的告知,前往湖邊一探究竟,果然看到一名男孩端坐在蓮花中央,膝下無子的自在慧王立刻將他帶回宮中撫養,取名為「蓮花生」或「蓮花金剛」。

◎喜馬拉雅山的求道者

蓮師從小接受良好的教育,聰穎且智慧過人的他矢志追求生命的完美,因此常在叢林冥思,久久不肯回皇宮。自在慧王擔心之餘,為他娶了一位出身皇族的公主文昌儱。但是,婚後的蓮師並不快樂,總是想盡辦法逃避,最後他溜出皇宮,捨俗出家。

蓮師先是在中印度著名的那爛陀佛學院完成傳統佛學教育,後來他覺得自己的個性不適合寺院的生活方式,於是還俗,在今日的阿富汗到緬甸之間的喜馬拉雅山區遊歷,跟隨許多大師學習。蓮師在不同的因緣裡得到許多珍貴的密法,使他修行的境界日益提高,最後證悟而成為印度最重要的聖者之一。

西藏桑耶寺
桑耶寺是西藏第一座密教寺院,是西元八世紀,藏王赤松德贊迎請印度高僧寂護和蓮花生大師前來西藏建造的。此寺建造奠定了藏傳佛教的發展基礎。(陳宗烈先生提供)

◎蓮師入藏顯神通

在此同時，越過喜馬拉雅山頭的另一個國度
西藏(當時稱爲吐蕃)產生了極大的變化。藏
王赤德祖贊去世後，年僅十三歲的太子赤松
德贊即位，政權旁落，此時信奉藏地傳統宗
教苯教的貴族趁機禁止佛教流傳。一直到赤
松德贊成年重掌政權後，才開始信奉佛教，
並延請顯教高僧寂護國師前來說法，此時期
是密宗佛教正式在西藏萌芽發展。

當赤松德贊準備依照高僧寂護的想法，創建
西藏第一座顯密並重的佛教寺院桑耶寺時，
卻遭到朝中大臣、貴族及苯教徒的極力反
對，寂護大師遂建議藏王派遣使者去烏萇國
迎請具有高深法力的印度高僧蓮花生大師。

蓮花生大師越過喜馬拉雅山前往西藏，一路
上有五位雪山女神、還有隱居在西藏山林的地母神，施法阻礙蓮師的
到來。這些藏地土生土長的精靈魔怪最後都被蓮師運用密咒一一攝
伏。西元773年，蓮師進入西藏後，並未消滅苯教，而是即針對苯教
的特點，尋找出佛教與苯教思想相融合的教義，在不破壞西藏的傳統
信仰下，調和了佛教與苯教的矛盾，同時緩和了統治階級的內部之
爭，確立了佛教在西藏的宗教勢力，使佛教在傳播時不致造成太多的
衝突。

◎設立譯經院，奠定藏傳佛教

爾後，蓮師在西藏設立譯經院，以毗若札那爲首的一百零八名譯師翻
譯了大量顯、密經典著作。至此，佛教成爲西藏地區全民化的宗教信
仰，以後的六十年佛教盛極一時，藏史稱爲「前宏期」。藏傳佛教寧
瑪派所修持的密法，即是蓮花生大師及他的二十五位大弟子傳下來的
口傳與伏藏法。寧瑪派大師們把這兩種傳承合併整理，集結爲六十冊
經典，成爲藏傳佛教中密法的精髓，至今仍被保存得非常完整。寧瑪
派更尊奉蓮師爲其教派祖師。

三大藏王
西藏歷史上有名的三大藏王：松
贊干布(上)、赤松德贊(左下)、赤
熱巴堅(右下)。赤松德贊在位期
間，迎請蓮花生大師入藏，有系
統的翻譯顯、密經典著作，創建
了顯密兼備的藏傳佛教。從此，
佛教始成爲西藏地區全民化的宗
教信仰，以後的六十年佛教盛極
一時，史稱「前宏期」。(王麗娜
女士提供)

蓮師入藏的傳奇故事

一生傳奇不斷的蓮花生大師，爲了使人們對佛法升起信心，在入西藏時示現了如幻的緣起，讓藏王派遣前來的使者瞠目結舌之餘，一一皈依了佛法。

◎示現神通，衆人心悅誠服

爲了復興佛教，藏王赤松德贊派了七位信使，攜帶國王的信札與金銀珠寶，前往尼泊爾瑪克湖畔恭請蓮花生大師入藏。儘管七位信使再三祈請，並有護法在一旁說服，蓮花生大師卻不置可否，反而命令這七位使者先回去，自身再以神通力飛往貢塘，一待就是三個月。這不是拿蹻，而是等待因緣成熟，並在隨後藏王使者再三恭請中，示現如幻的緣起，讓使者對佛法升起信心。

蓮花生大師在貢塘期間，藏王赤松德贊又派遣了三個使者，並帶了更多的黃金珍寶前往迎請蓮花生大師。爲了早日達成藏王的願望，三位使者夜以繼日、兼程趕路，總算在貢塘見到了蓮花生大師。

爲了示現如幻的緣起，使來者尊重佛法的緣故，蓮花生大師慎重地問道：「請問你們是誰啊？爲什麼非要我去西藏一趟呢？」

「大師啊！藏王赤松德贊非常注重佛教在西藏的復興，我們是他特別派來迎請你的使者，謹獻上砂金一升，希望大師能夠歡喜啊！」這三位使者異口同聲地回答。

蓮花生大師接受了砂金後，突然手一揚，將所有的砂金拋向天空。不可思議的是，這些砂金不但沒有飄落，反而在漫無天際的空中，愈飛愈高。這三位使者從來沒見過如此的異象，莫不瞠目結舌，久久說不出話來。

「所有的砂金都隨風而逝，你們一定覺得很可惜吧！你們要知道，再多的金銀財寶不過如夢幻泡影。你們覺得黃金和泥土有什麼分別嗎？」

「黃金可以拿來買華屋豪宅，至於泥土呢？給我，我都嫌髒哩！」其中一位使者說道，其他二位則頻頻點頭。

「是這樣的嗎?現在你們將衣服拉開,然後倒一些泥土進去。」蓮花生大生笑了笑,輕聲說道。三位使者面面相覷,但又不敢違抗蓮花生大師的命令。不一會兒,三個人的衣服裡便塞滿了泥土,前胸後背彷彿揹著一面大鼓似的,模樣頗為狼狽。

蓮花生大師隨後將手輕揚,再度對他們說:「現在,你們再看看衣服裡的泥土吧!」灰頭土臉的使者們雖然老大不願意,但又畏懼眼前這位高人,只好勉強照做,豈料這一看,發現所有的泥土都變成了金、銀、珊瑚、珍珠、綠松石等等的珍寶。三位使者此時莫不驚嚇地仆伏在地,頻頻向上師頂禮,從此,對佛教升起金剛不摧的信心,一切作為均以佛法為依皈。

蓮花生大師入藏圖
此圖來自布達拉宮壁畫。圖中描繪藏王赤松德贊派遣的信使,帶來許多黃金珠寶迎請蓮師入藏的情景。(王麗娜女士提供)

所謂伏藏(Terma)，原義是「意岩」及「土岩」，引申指一種埋藏於地底的法寶。蓮花生大師在世時，曾埋藏許多的秘密法門以及無數的法寶經卷，等待後世有緣人自空中、水中、岩洞裡或弟子自心中，取出這些教法和法寶以示現世人。

或許人們會想，傳法就傳法了，為何又要東藏西藏的呢？這是因為蓮師傳法的時代，有些法門並不適合當時的眾生，但預料到數百年後的眾生需要此法來引導，於是預說此法並埋藏在某處，等時機成熟時，自然會出現一位大根器者，將埋藏的法寶取出並寫成儀軌。這就如同一個電腦工程師，預料到數百年以後的社會需要一種特殊的電腦程式，於是預先寫好並設定密碼。數百年以後，自然會出現一個人知道如何解開密碼，並將此程式應用到當時的社會環境。

蓮師財神如意寶瓶修法

為了救度眾生的方便和需要，蓮師留下許多伏藏教法，如果我們特別想修學增益法，可以修學蓮師與財神合修法的本尊——蓮師財神。關於蓮師財神的修行儀軌很多，在此將以各教派通行的法本，由伏藏大師得千領巴口述、貝瑪嘎旺羅卓泰耶整理的「上師心意行破一切魔難修財神寶瓶儀軌」為例，說明蓮師召請各方位財神的利益。

在「上師心意行破一切魔難修財神寶瓶儀軌」中，蓮師是一切財神的總聚，也就是說，是所有財神中的財神王。蓮師為金色膚色，右手持金剛骷髏杖置於胸前，左手拿著寶瓶；頭戴紅色班智達帽，內著藍色法衣，外穿三層法衣大披風，兩足禪定姿，安坐在城壇的中央，召請了十六個方位的財神現身，圓滿人們的出世間與世間的各種願望。

儀軌上記載：「修此法可具足福壽智慧、淨除意外諸障礙、成辦現今爾後利、出世法與世間法、依止財神元素故、勾召福祉受用儀。」也就是說，修此法的人將具有以下的利益：財物豐饒、貴人相助、財食珍寶、福祿降臨、馬肥畜壯、五穀豐登、長壽無病，總之各種的福德猶如細水長流，永無止盡。

當和尚遇到鑽石4

愛的業力法則

西藏的古老智慧，讓愛情心想事成

別再為了與心目中的理想伴侶相遇而尋尋覓覓、心煩意亂。重要的是，從這一刻起，種下好的業力種子，一切都能改變，答案盡在其中！

麥可・羅區格西作品

當和尚遇到鑽石（增訂版）：一個佛學博士如何在商場中實踐佛法　定價：360元

當和尚遇到鑽石2：善用業力法則，創造富足人生　定價：280元

當和尚遇到鑽石3：瑜伽真的有用嗎？一身心靈覺醒的旅程　定價：400元

西藏心瑜伽　定價：250元

橡樹林

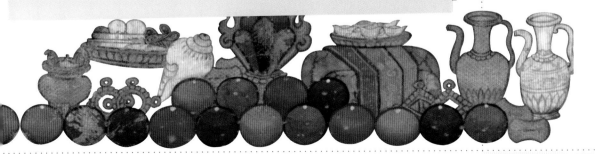

2
蓮師財神

「上師心意行破一切魔難修財神寶瓶儀軌」壇城

多聞天

衣食財神
紅夜叉

咕嚕咕咧
佛母 (或作
明佛母)

綠藏巴拉

家畜財神
俱毗羅

毗沙門天

廣目天

紅藏巴拉

蓮師財神

白藏巴拉

持國天

財源天母

白象頭神

黃藏巴拉

駿馬財神
雷勉大

豐財財神
摩尼善

增長天

中央本尊：蓮師財神

◎本尊外圍的蓮花瓣上有八尊財神：

東方是白藏巴拉：身為不動藏巴拉

南方是黃藏巴拉：功德欲滿藏巴拉

西方是紅藏巴拉：語為無止藏巴拉

北方是綠藏巴拉：事業任運藏巴拉

東南天道財神眾自在(白色象頭)：

上方天界一切安樂源

西南人道財神財源天母：

人間道糧食與權位

西北龍族財神咕嚕咕咧母(作明佛母)：

欲求成辦似大海匯集

東北夜叉財神毗沙門：

欲求成辦如比火熊熊

◎壇城四方四門還有四門尊(四大天王)：

北方世界財神多聞天：福祿壽喜增益法

東方世界財神持國天：窮困苦惱息災法

南方世界財神增長天：消除違緣降伏法

西方世界財神廣目天：三界自在懷愛法

◎壇城內四個角落有四尊財神：

東南豐財財神摩尼善：無盡金銀珠寶珍奇

西南駿馬財神雷勉大：千里良駒神通廣大

西北衣食財神紅夜叉：美味飲食絲綢華服

東北家畜財神俱毗羅：欲求如願六畜興旺

蓮師財神的法相

蓮師財神被視爲蓮花生大師所留藏在世間的「伏藏法」，向眾生示現財寶本尊。而蓮師財神形象的主要特徵在於蓮師手中的持物：寶瓶或吐寶鼠。此時的蓮師財神頭戴蓮花冠，著僧袍，禪定姿，手上拿著與財神護法一樣的持物——右手拿著勝利幢，左手握著一隻吐寶鼠。蓮師財神也可以另一種形象出現，在「蓮師財神如意寶瓶儀軌」中的蓮師，右手持金剛骷髏杖，左手捧著財寶瓶。

●判識關鍵

①

以吐寶鼠與勝利幢為持物

②

以寶瓶與金剛骷髏杖為持物

1

持吐寶鼠的蓮師財神

長相、面容、身軀、坐姿的表現都和持寶瓶的蓮師財神一樣，所不同的是手上的持物：左手握著吐寶鼠，右手持勝利幢。此蓮師財神與財神護法的持物一模一樣，可說是把財神護法的財神屬性彰顯在他身上了。因此，財神護法所具有的增益財富、功德資糧的屬性都匯聚在蓮師身上了。

吐寶鼠，梵語 nakala，樣子是尾巴細長的大黃鼠。持吐寶鼠的神祇一定具有財神屬性。

勝利幢，梵語 dhvaja，又稱為寶幢，象徵護衛佛法，戰勝一切邪魔歪道。

2

持寶瓶的蓮師財神

蓮師財神右手在胸前捧著寶瓶，左手持金剛骷髏杖。

寶瓶，梵語 kalasha，象徵對佛法的禮敬。寶瓶同時也是財富、長壽的象徵。其他如五方佛之一的無量壽佛，也以寶瓶做為重要持物。

金剛骷髏杖，梵語 khatvanga，又名天杖、喀章噶杖。在這杖上有三個骷髏頭，代表貪欲、瞋恨與無明等三種意義。骷髏頭上端有三叉戟，象徵瑜伽複雜神經系統的中脈、左脈和右脈。骷髏頭的下端是金剛杵，象徵慈悲，可以摧毀一切的無知愚昧。金剛骷髏杖是護法和空行母的常見持物。

蓮花生大師與蓮師財神法相有何不同？

蓮花生大師和蓮師財神法相的主要差異就在於手中的持物，蓮花生大師的持物：右手持金剛杵，左手持嘎巴拉(人頭骨缽)，內置長壽瓶，左手並倚著金剛骷髏杖。

●判識關鍵

蓮花生大師的判識關鍵：以金剛骷髏杖、嘎巴拉、金剛杵為持物。

●金剛骷髏杖
(請見左頁的說明)

●金剛杵：梵語 vajra，象徵堅固不變的「慈悲」。金剛杵與金剛鈴，是藏傳佛教最重要的持物，分別代表慈悲與智慧。像金剛手菩薩以金剛杵為持物，而金剛薩埵、金剛總持則是以金剛杵、金剛鈴為持物。

●嘎巴拉：梵語kapala，是一種人頭骨缽，常見於護法或守護神的持物。缽中如果盛血則象徵捨棄生命，盛甘露則是智慧的象徵，通常與金剛鉞刀(梵語kartrika)成對使用。蓮花生大師左手托著嘎巴拉，裡面有甘露，還有一長壽寶瓶，瓶口有如意樹裝飾，表賜予福慧資糧與無死長壽的成就。

◎蓮花生大師與蓮師財神的持物比較

名稱	持物
蓮花生大師	左手倚金剛骷髏杖，持嘎巴拉(內置長壽瓶) 右手持金剛杵
蓮師財神(持寶瓶)	左手持寶瓶，右手持金剛骷髏杖
蓮師財神(持吐寶鼠)	左手持吐寶鼠，右手持勝利幢

蓮師財神唐卡賞析

這幅十八世紀的蓮師財神唐卡,是屬於寧瑪派所使用的唐卡,呈現依據蓮花生大師的伏藏法所示現的財神,主要特徵在於手持吐寶鼠和勝利幢,具有和財神護法一樣的財神特性。唐卡主尊蓮師財神的上下方總共圍繞著十六位與此財神法相關的神祇,也可算是一幅財神大集合的唐卡。

藥師佛　釋迦牟尼佛　阿彌陀佛

綠膚女神　妙音天女　白度母　紅度母　財源天母

蓮師財神

紅財神　黑財神

白財神

馬主　黃財神　財神護法　綠財神　馬主

蓮師財神唐卡,藏東地區,
十八世紀,寧瑪派唐卡,
33.02x25.40cm,Shelley
& Donald Rubin 收藏。

蹲踞姿。代表智慧。

唐卡最上方中間的佛是 ❹ 釋迦牟尼佛。❺ 是白度母，象徵長壽。

唐卡最右邊的上方是象徵長壽的 ❻ 無量壽佛(也就是阿彌陀佛)，紅膚，手持長壽瓶。

❼是紅度母，右手持鉤，左手持花，遊戲姿，是一位很有力量的女神。❽ 是財源天母，黃膚，右手持與願印，左手持一串稻穀，禪定姿，象徵五穀豐登。

唐卡上方神祇：

最左邊的上方是 ❶ 藥師佛，藍膚，右手持藥訶子，左手托藥缽，可以消除眾生病苦。❷ 綠膚女神，右手持與願印，左手持一盛開的花朵，採大王遊戲姿。❸ 妙音天女，白膚，手持弦樂器，

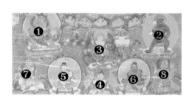

吐寶鼠，騎著綠色的龍，屬於阿底峽的傳承。

在唐卡的最下方一排，中間這位是 ❹ 財神護法，右手拿勝利幢，左手持鼠，騎獅，但未穿著戰袍，和一般常見形象不太相同。

在財神護法的左邊是 ❺ 黃財神，手握如意果和吐寶鼠。

在財神護法的右邊是 ❻ 綠財神，手握檸檬和吐寶鼠，擁抱著綠膚佛母。

❼❽在唐卡最下方的左右兩個神祇是兩位馬主，一面二臂，左手握吐寶鼠，穿戴盔甲戰袍，騎著矯健的戰馬。

唐卡下方神祇：

在這張唐卡主尊下方所看到的八位神祇都是財神。在主尊蓮師財神的左下方是 ❶ 紅財神，三面六臂，是來自伏藏法的傳承。

在主尊右下方是 ❷ 黑財神，右手持嘎巴拉，左手拿吐寶鼠，裸身、忿怒相，立姿。

主尊正下方是 ❸ 白財神，一面二臂，右手持鉤，左手持

3

五姓財神 「藏巴拉」

滿足不同財富需求的守護神

五姓財神,梵名 Jambhala,音譯爲「藏巴拉」。

藏傳佛教各大教派均有五姓財神的修行法門,

而一般人均以五姓財神身上的顏色,

稱呼他們爲白、黃、紅、綠、黑財神。

五姓財神是佛菩薩的慈悲示現,

度化貪欲特別重的眾生,是建立在菩提心的基礎上,

並重於日常生活實踐,而不是念念咒語就能致富。

修持者必須發菩提心,並能佈施眾生,

才能感應財神法的殊勝與悲願。

五姓財神藏巴拉的基本檔案

名字●五姓財神「藏巴拉」，梵語 Jambhala，

藏語 dzam gha la

起源●源自古印度神祇俱毗羅

部族●五姓財神分屬五方佛部主所示現

屬性●護法神

重要辨識特徵●手握著吐寶鼠或如意果

五姓財神藏巴拉的共同心咒

[梵語] Om jambhala jalenjanaye svaha
[音譯] 唵 藏巴拉 藏鍊札耶 娑婆訶

◎誰能修五姓財神？

財神	利益	誰修最好？
黃財神 (黃藏巴拉)	能清除惡業所造成的貧乏。 增長福德、壽命、智慧、物質以及精神上的富足。	一般人
白財神 (白藏巴拉)	讓人遠離貧病、窮困、罪障的日子。增長一切善業，生活富足。	經常被貧病障礙所苦的人
黑財神 (黑藏巴拉)	驅除逆緣、惡運，快樂的擁抱財運。 特別能消除怨亂、偷盜、病魔等障礙。	貧窮人、下階級獨居之修行者易相應
綠財神 (綠藏巴拉)	讓好運一路往上飆，旺上加旺。	想要利益眾生的有錢人
紅財神 (紅藏巴拉)	和眾生廣結發財之緣，讓人輕鬆擁有財富。 能招聚人、財、食等，自主富饒。	高權位者，如政府首長、大公司主管等

五姓財神的故事

五姓財神「藏巴拉」來自印度

五姓財神，梵名 Jambhala，中文音譯為「藏巴拉」，舊時的翻譯稱為「布祿金剛」。藏傳佛教各大教派均有五姓財神的修行法門，而一般人均以五姓財神身上的顏色，稱呼他們為白財神、黃財神、紅財神、綠財神和黑財神，或是稱呼他們為黃藏巴拉、白藏巴拉、紅藏巴拉、綠藏巴拉和黑藏巴拉。

五姓財神「藏巴拉」的來源，和財寶天王毗沙門天一樣，同樣是來自於古印度具有財神屬性的夜叉神俱毗羅(Kubera)，他的原始樣子是挺著大肚子，手中拿著一袋黃金或是一隻會吐出珠寶的大肥鼠。藏巴拉來到西藏，仍然挺著一個大大肚子，手裡拿著會吐寶物的大肥鼠或如意寶珠。

在開始的時候，藏巴拉只是一個具有財神屬性的神祇，並非一開始就有五尊形象；當藏傳佛教逐漸發展起來後，依不同修持需要而發展出黃、白、黑、綠、紅膚等五尊不同形象的藏巴拉，並配合五方佛的概念而形成五姓財神的概念，雖有五尊神祇，但財神的屬性仍是相同的。

修習財神法的行者必須要發無上菩提心，願所有眾生遠離貧窮之苦，廣結善緣，勤行佈施。行者以虔誠的心來累積智慧與福德資糧，並清靜無始以來的貪欲業障，還要記得將所有的功德全部迴向於十方眾生，不只是為了求自己資糧具足，以此發心來修財神法，比較如法且圓滿。反之，如果獲得財物後卻慳貪成性，則會損及自己的壽命福報。

黑財神立像
五姓財神的面容是忿怒相，強調調伏心魔，並將心魔轉化為悲智。此尊黑財神便是具有第三隻眼特徵的怒目面容。(王度先生提供)

藏巴拉是護法神

按藏傳佛教來說，諸神大多有三種面貌：一是面容寧靜、平和的「寂靜相」，一是三眼怒目、表情凶惡的「忿怒相」，一是介於寂靜與忿怒之間的「寂忿相」。寂靜相是一般佛菩薩的面容，展現祥和慈悲之相。忿怒相則是護法的面容，對那些頑固不靈者給予威嚇教訓，使人在當頭棒喝後可以立刻覺醒而皈依佛法。寂忿相感覺像是在生悶氣或微怒的樣子，見於無上瑜伽五大金剛或少數菩薩部的佛母，如白傘蓋佛母、尊勝佛頂。

◎忿怒相代表「調伏與轉化」

五姓財神面容基本上是忿怒相，強調修行裡的「調伏與轉化」。忿怒相所代表的「調伏」，也就是調和制伏心魔，而由調伏引申出積極的意義，就是「轉化」。心魔被「調伏」後，尚未產生本質上的改變，必須將之「轉化」，將心魔化成「悲智」的表現。悲，是慈悲，是對治外道，同樣以佛法及修行次第，使外道異教不再阻擾佛法的傳佈，更積極的轉化外魔心性，使之成為佛教的護法。智，是智慧，是對治心魔，以佛法及修行次第調伏內心諸魔，使煩惱心轉化為解脫之心，由「降魔」轉為「懷愛」的對象，進而求取長壽、財富，不僅「息災」，更為「增益」。因此，財神的修法也是屬於修行的一部份，可以讓密乘的修行者具足福德資糧，弘法利生，不被生活所逼，可安心向道。

◎藏巴拉也有雙修相

五姓財神中，紅財神和綠財神有時會出現佛父佛母擁抱的雙修相。雙修相代表慈悲與智慧的結合，這是藏傳佛教最高修行體系「無上瑜伽」的修行成就。佛父(男相)象徵慈悲，佛母(女相)象徵智慧，男女親密的擁抱結合，象徵慈悲與智慧的結合。因此，雙身相的紅財神和綠財神能幫助人們追求密續最高層級無上瑜伽的修行成就。

紅財神雙修相
紅財神左手持金剛小斧，右手持吐寶鼠，並擁抱著綠膚佛母。雙修相象徵慈悲與智慧結合，是屬於無上瑜伽的修行成就。

五姓財神是五方佛所幻化的

五姓財神是五方佛各部主所幻化示現出來的：白財神是觀世音菩薩(屬大日如來的金剛部)的化現；黃財神是南方寶生如來的化現；紅財神是西方阿彌陀佛的化現；綠財神是北方不空成就如來的化現；黑財神是東方阿閦如來佛的化現。

五姓財神與五方佛的膚色、方位有極大的關係。五方佛以此五種顏色做為膚色，表示五佛調伏淨化了貪瞋癡慢疑這「五毒」。就方位來說，五方佛各有各的淨土，並代表該族系的首領，象徵了五種不同的智慧。

五方佛的排列位置，通常在中央的是大日如來，膚色是白色的，象徵一切煩惱來源的「癡」，但白色可以吸納一切色，所以代表可以清淨癡毒。

東方阿閦如來是藍黑色的，以黑藍色表現「瞋」念，因此東方阿閦如來佛代表調伏瞋毒。

南方寶生佛即寶生如來是金黃色的；多金的富人最易生傲慢之心，故以金黃代表「慢」，南方寶生佛代表清淨慢毒。

西方阿彌陀佛，是紅色的；紅色讓人感受欲望、熱情，意味「貪欲」，西方阿彌陀佛代表清淨貪毒。

北方不空成就如來是綠色的，人心多疑，一如綠色植物的繁茂，所以綠色譬喻「疑」，北方不空成就如來代表清淨疑毒。

五方佛	方位	膚色	克服五毒	五姓財神
大日如來	中央	白色	癡執	白財神
阿閦如來	東方	藍色	瞋心	黑財神
寶生如來	南方	金黃色	我慢	黃財神
阿彌佛陀	西方	紅色	貪欲	紅財神
不空成就如來	北方	綠色	嫉妒	綠財神

五姓財神的故事與傳說

◎黃財神的故事

黃財神是五位藏巴拉之中流傳最廣的財神,在七、八世紀印度即可看到其形象。

相傳釋迦牟尼佛在世時,一次在中印度摩揭陀國的靈鷲山講解大般若經義時,各方妖魔鬼怪前來「踢館」,不僅讓整座山崩塌,還以碎石機攻擊釋迦牟尼佛,此時黃財神現身庇護釋尊。在釋迦牟尼佛的感召下,黃財神發願於未來世助益一切貧苦眾生,使他們有機會可以親近佛法,從此成為佛教裡的大護法。

◎白財神的故事

相傳白財神是觀世音菩薩所幻化,傳聞從前有一個叫德巴嘎日喜日乍納的班智達(班智達意指大學問者),經過系丹島(普陀山)時,看見一個人快要餓死了,班智達於是割自己的肉餵食,但這位快要餓死的人卻堅持不吃,並說:「我從不食肉,何況是佛門弟子身上的肉呢!六道眾生的生死是因果所致的,人有生也必有死,生死是一種自然的輪迴,莫為我死而哀傷。」

班智達聽完,轉身面對大地沈思,當他深深體悟到輪迴之苦,不禁淚流滿面。這時空中突然響起一陣雷聲,他回頭一看,那位快要餓死的人已經不見了,面前出現的是大慈大悲觀世音菩薩,觀世音看見班智達的悲心,感動地流出眼淚。

觀世音的右眼流出的淚水幻化出救度母,左眼流出的淚水幻化出白財神。觀世音菩薩囑咐白財神親自幫班智達灌頂,修法教授,以圓滿幫助眾生脫離貧困的願望。當班智達念起讚頌時,白財神身上亦下起了珍寶之雨。

◎黑財神的故事

相傳黑財神曾幫助中印度娑婆羅國的平婆王證悟佛法,並從周圍列強手中取回失而復得的國力,所以一般人在修法時,均認為他可以助人取得失而復得的財富。

故事相傳,中印度有個娑婆羅國,篤信佛教的國王平婆王愛好和平、勤政愛民,將國家治理的富強有禮,鄰國一些飽受戰亂之苦的老百姓紛紛逃到娑婆羅國來。慈悲的平婆王雖然接納了這些難民,但也惹惱了鄰國的國王,並且舉兵要攻擊娑婆羅國。「我給你們錢,請你們不要攻打我的老百姓。」為了保護他的子民,平婆王以錢財暫時安撫這些蠢蠢欲動的國家。但每隔一陣子,這些食髓知味的國家就會再度向平婆王勒索。時日一久,娑婆羅國的財庫也耗盡了。

「是我對不起老百姓啊!」一天,平婆王在河邊散心,想到國家變得這麼貧弱都是他造成的,悲從中來,不禁一步一步走向河中央,想了結自己的生命。這時,河邊突然出現一個年約八歲的黑孩童,向愁容滿面的國王說:

「愚笨的國王啊！你此時該祈求佛陀，給你一切的力量以度過難關，佛陀會保護你的國家啊！」

平婆王看這黑孩童赤身裸體，絕非普通人，於是說：「聖者，請問我該怎麼做呢？」

「河裡的沙有多少，你的財富就有多少。」黑孩子邊說邊指向河岸，一幢華麗無比的水晶屋立刻出現在眼前。黑孩子轉向平婆王說：「這個水晶屋不僅可聚集無數無邊的財富，而且可消弭災禍。」

「我該怎麼做，才可以得到這些天賜的財物呢？」國王問道，彷彿看到一線希望。

「你以最大的虔誠心祈求觀世音菩薩，七天後這幢房子便是你的了。」黑孩子說。

國王回到皇宮後，立刻將所有的衣服全部佈施出去。七天後，黑小孩的話卻沒有兌現。平婆王便來到河邊找黑孩子問個清楚。

「你的心意還不夠堅定。」黑孩子回答：「你必須放下周邊一切的假象，用心地觀想，因為無比的擔心，只會造成不斷地重複而已。」

平婆王依言，又做了七天的閉關，還是沒發生什麼感應。為了證實自己的用心，他又繼續閉關七天，如此過了二十一天，仍然沒什麼感應。平婆王再次發願，為了這些老百姓，我願意將身體化成珠寶。如此大的信念仍是無法得到感應。

「大概佛菩薩認為我不是一個很好的修行者，不再照顧我們了！」國王愈想愈難過，一邊走向河岸，一邊喃喃說道：「如果我的死能換來平安的話，我不要我的王位了，也不再眷戀我的國土或疆界了，就讓其他國家將它瓜分吧。」

「你終於想通了，這世間所有的一切，包括這些城池，都是一種假象。」黑孩子說完，便將平婆王帶到水晶宮裡。

原來裡面堆滿了國王之前被掠奪走的財富。那些掠奪者所得到的、平婆王所失去的，不過是個假象。只有不為自己，而為其他眾生利益著想的大慈大悲者，才能擁有失而復得的財富。

因為這個故事，所以有些黑財神的修法會強調失而復得的屬性，原因就在此。

◎綠財神的故事

修持綠財神的人極少，因此不見任何傳說故事，但無上瑜伽部的不二續《時輪金剛本續》中記載，綠財神受釋迦牟尼囑託，為一切貧苦大眾轉法輪，賜予世財、法財，居於五姓財神的中央。

◎紅財神的故事

據說紅財神是印度成就者傳給卓彌譯師，再傳給薩迦派祖師，成為薩迦派的密傳財神，因此亦無任何傳說流傳民間。

五姓財神的法相

五姓財神藏巴拉依其膚色，分別有黃、白、黑、綠和紅色藏巴拉，共同的形象是：裸露身軀，圓肚皮，略為溫和的忿怒相，持物有吐寶鼠、如意果或珠寶；有的還有雙修相的表現形式。五位亦各有其辨識特徵，列表比較於下：

●五姓財神的共同特徵

1 裸露身軀，圓肚皮，略為溫和的忿怒相。

2 持物有吐寶鼠、如意果或珠寶。

◎五姓財神藏巴拉的個別特徵

名稱	長相	持物	坐姿、座騎	雙修相
黃財神	黃膚 裸露上身 忿怒相	吐寶鼠 如意果	遊戲姿或禪定坐姿 右腳下踏法螺、寶瓶	無
白財神	白膚 裸露上身 忿怒相 第三隻眼	吐寶鼠 寶棒 金剛骷髏杖	騎龍	無
黑財神	黑膚 裸露全身 忿怒相 第三隻眼 生殖器豎直	吐寶鼠 嘎巴拉	戰鬥姿 腳下踩踏印度夜叉神	無
綠財神	綠膚 裸露上身 忿怒相	吐寶鼠 如意果	坐姿 腳下踩踏珠寶	有
紅財神	紅膚 裸露上身 忿怒相	如意寶珠 吐寶鼠	舞立姿 腳下踩踏印度夜叉神	有

黃財神
十八世紀作品。右手持如意果，左手持吐
寶鼠，以遊戲姿坐於蓮花座上，垂下的右
腳底下踩踏著一個寶瓶。珠寶、吐寶鼠、
寶瓶都是財富的象徵。(陳慶隆先生提供)

黃財神 幫你清除惡業所造成的貧乏

[梵語] Jambhala

[藏語] dzam bha la ser po

[來源] 南方寶生佛的化現

[咒語] 唵 藏巴拉 藏鍊札耶 娑婆訶

1 長相

面容身軀

一面二臂二足，黃膚，裸上身，啤酒肚。
黃財神是五姓財神中長相較溫和有笑容的
一位。

衣飾

頭戴珠寶冠，胸前掛念珠，下身著絲綢。

2 坐姿與踏物

屈足而坐，雙足下踏著法螺和寶瓶。法
螺，梵語 shankha，象徵「如來講經的聲
音」或「佛法飄揚」。寶瓶，梵語kalasha，
象徵「對佛法的禮敬」。

3 持物

吐寶鼠

左手持吐寶鼠，吐了滿地珠寶，這是財神
屬性的重要持物，是藏巴拉戰勝了世界財
寶的看守者而贏得了財寶的秘密武器。

如意果

右手施與願印，並持如意果。如意果在早
期印度所持物叫Jambhara，是一種生長在
印度、類似檸檬的果子，印度人認為這種
植物的種子就是孕育世界的種子。

法螺

寶瓶

吐寶鼠

如意果

主司財運

對於因為受到過去錯誤的
惡業影響，而使得今生總
是陷在貧苦的人來說，黃
財神是最佳的依靠。根據
經文記載，黃財神又名
「財貨自在」，擁有珍貴的
寶藏與權勢，可以說是財
神之首。黃財神是由佛的
功德所幻化、變現的財寶
主，能夠為人們消除因為
貪心、吝嗇、罪孽及錯誤
的惡業所造成的貧乏，讓
人們不必辛勞，就可以獲
得並享用財富。
修法者須發無上菩提心，
發願救度一切眾生脫離貧
困，勤行佈施，就會與黃
財神有很大的感應。黃財
神曾是釋迦牟尼佛在世修
道的大護法，因此祂也能
保佑一切修行佛子，增長
福德、智慧資糧。

白財神 讓人遠離貧病窮困的日子

[梵語]　**Jambhala**

[藏語]　**dzam bha la kar po**

[來源]　觀世音菩薩(大日如來金剛部) 的化現

[咒語]　唵　貝瑪　卓達阿兒耶　藏巴拉　系達耶　吽呸

1 長相

面容身軀

一面二臂二足，白膚。忿怒相，怒髮衝冠，額頭上有第三隻眼。第三隻眼代表洞悉之眼、智慧之眼，這是護法神的屬性。

衣飾

頭戴五骷髏冠，象徵著調伏心識五毒：貪、瞋、癡、慢、疑，克服死亡。裸上身，胸前掛念珠，下身著絲綢。

2 坐姿與座騎

屈足而坐，以青龍爲座騎。騎乘青龍象徵能解除自我和他人的一切貧窮之苦。

3 持物

寶棒

右手持寶棒(警示棒)，表示匯聚一切財神的功德，救度飢餓中的眾生之苦。

金剛骷髏杖

左手倚著金剛骷髏杖，這也是護法神的重要持物。(請見第44頁詳細說明)

吐寶鼠

左手握吐寶鼠，施予眾生珠寶財物。

寶棒　　　　金剛骷髏杖

吐寶鼠

主司財運

由觀世音菩薩的眼淚所幻化的白財神，具有觀世音大慈大悲、普度眾生的願力，因此一般人在修法時，認為祈求白財神的庇佑，能除去一切貧苦、罪惡和疾病的障礙。特別對於生於窮苦人家，希望擺脫貧窮的人而言，白財神無異是一位救苦救難的菩薩，為你去病，除去一切貧苦、罪惡、疾病障礙，增長一切善業，於生活一切受用富足。由於白財神是由觀世音菩薩示現，所以修持白財神就是拜託觀世音菩薩幫幫忙，救苦救難。

黑財神 讓你失物復得

[梵語] **Jambhala**

[藏語] **dzam bha la ser po**

[來源] 東方阿閦如來的化現

[咒語] 唵 藏巴拉 藏鍊札耶 娑婆訶

1 長相

面容

一面二臂二足，黑藍膚。忿怒相，額頭上有第三隻眼，獠牙切齒，臉上繪有火燄紋，身後有一團熊熊紅色火燄。第三隻眼代表洞悉之眼、智慧之眼，這是護法神的屬性。

身軀

裸身，頭頂紮髻，頭頂、頸項和身上各佩掛著一條蛇。下身的男性生殖器豎立。在藏傳佛教裡，男性代表慈悲，女性代表智慧；黑財神的生殖器上豎，表示慈悲已俱足了；而藏傳佛教中的裸身代表空性。

2 姿勢

戰鬥姿，腳下踩踏一個手持寶珠的印度夜叉神。腳下踩踏敵人，象徵克服或消除重大障礙。

戰鬥姿

3 持物

吐寶鼠

左手握吐寶鼠，象徵財富。

吐寶鼠

嘎巴拉

右手持嘎巴拉。黑財神的缽中盛滿了血，象徵「捨棄生命」。嘎巴拉通常是與金剛鉞刀一起使用。

嘎巴拉

主司財運

黑財神主司失而復得的財富。修黑財神法能驅除逆緣、惡運，消除怨恨、混亂、偷盜、病魔等障礙，快樂的擁抱財運。尤以窮人、下階級獨居之修行者最易相應。

覺得自己的運氣總是奇差無比、甚至惡運連連的人來說，黑財神是最佳的依靠！根據經文記載，黑財神是由最上諸佛之心（即「意功德」）所幻化而成，可以滿足人們的一切願望。黑財神可以消解人們因為各種惡運所產生的貧窮，或是因為貪心所造成的惡運纏身，不必太過勞苦，就可以得到並享用財富。

綠財神 讓好運一路往上飆

[梵語] **Jambhala**

[藏語] **dzam bha la ser po**

[來源] 北方不空成就如來的化現

[咒語] 唵 藏巴拉 藏鍊札耶 娑婆訶

1 長相

面容身軀

一面二臂二足，綠膚，裸上身。

衣飾

頭戴寶冠，胸前掛念珠，下身著絲綢。

2 坐姿

雙腳屈足而坐。

3 持物

吐寶鼠

此幅綠財神的持物與黃財神相同，左手持吐寶鼠，吐了滿地珠寶。

如意果

右手施與願印，並持如意果。

4 雙修相

綠財神有時會以擁抱佛母的雙修相出現。佛母、綠膚，手持鄔婆羅華。在藏傳佛教中，佛父擁抱佛母雙修相，象徵慈悲與智慧的結合。因此，修綠財神除了聚財之外，也希望能達到悲智結合的修行。

吐寶鼠

如意果

雙修相

主司財運

對於本身已經擁有很多財富，而且心中有很多良善的願望的人來說，綠財神是最佳的依靠，能夠讓所有良善的願望實現，使人們的財富更加富足。綠財神是旺上加旺的，本來很有錢，想要更有錢，就修綠財神。但得注意的一點是，向綠財神求得的財富不可以中飽私囊，而是要利益眾生，如此願望才會實現。修綠財神法之前，必須先修其他四位財神之任一位圓滿後再行修持，如此能令行者一切所作成功圓滿，淨化惡運障礙，成就一切願望。

紅財神 和眾生廣結善緣，輕鬆擁有財富

[梵語] Jambhala

[藏語] dzam bha la mar po

[來源] 西方阿彌陀佛的化現

[咒語] 唵 藏巴拉 藏鍊札耶 達拿美迪 啥以 娑婆訶

◎常見的紅財神有兩種形象：
單尊相

1 長相

面容身軀

紅膚，三面六臂四足，右邊白臉、中間紅臉、左邊藍臉，每一張臉呈忿怒相，都有第三隻眼。

衣著

裸上身，頭戴寶冠，頸上戴珠寶項鍊，身上披戴著一條蛇，下身穿綢裙。

2 姿勢

戰鬥姿。他的四隻腳底下踩踏著兩個手持珠寶的印度夜叉神，象徵戰勝重大障礙並擁有財富。

3 持物

紅財神的六隻手，分持五種物件：

金剛小斧：金剛小斧，梵語 parsu，象徵能斬斷佛法的敵人。

金剛套索：金剛套索，梵語 pasha，兩端連結半截金剛的繩索，象徵「永恆不變的繫牢」，常見於護法或守護神的持物。

如意寶珠：如意寶珠，象徵可以如人所願。

嘎巴拉：嘎巴拉，即人頭骨缽。缽中盛滿珠寶。

吐寶鼠：兩隻手各持一吐寶鼠，象徵施予財寶。

金剛小斧

金剛套索

如意寶珠

嘎巴拉

吐寶鼠

主司財運

紅財神是薩迦派密法中一位功德無比的財神，能招聚人、財、食等自在富饒。尤其是高權位者修持紅財神法容易相應。

在古代，紅財神是君王者或貴族等主修之法，修此法者可隨修行者的發心而獲致不同果報；發無上菩提心者，能得證世間及出世間福德圓滿；求世間財富者，可得滿足；若是赤貧者，可獲得食物充足的利益。

修此法可分三等：第一等即是一般的至高無上者可獲得慈悲與智慧結合的不共成就。介於中間者可獲得轉輪王之成就。所謂轉輪王，就是宗教與政治結合的領袖，例如達賴喇嘛。最下者可獲得物質上的基本需求。

薩迦世系祖師們所傳承的教誨中，有紅財神的密修方法及教育。這種密修教誨由智慧空行瑜伽主布阿巴(八十大成就者之一)首先傳給了班智達嘎巴拉，再傳給諸弟子。

雙修相

1 長相

面容身軀

一面二臂二足，紅膚，忿怒相。

衣飾

上身赤裸，身穿綢裙，頭戴寶冠，以各種寶物為飾。下身著絲綢。

2 姿勢

如意坐姿，左足屈、右足垂下。

3 持物

吐寶鼠

左手持吐寶鼠，象徵財神屬性。

如意果

右手持如意果或如意寶珠。此時的紅財神持物與黃財神相同。

4 雙修相

紅財神右手擁抱佛母。佛母，紅膚，一面二臂，右手持如意果，表示施給修行者如意財寶，左手持盛滿甘露的嘎巴拉，則象徵智慧。佛父、佛母擁抱代表悲智結合的修行。

雙修相

吐寶鼠

如意果

如意寶珠

嘎巴拉

紅財神唐卡賞析

這是一張十九世紀西藏東部地區的唐卡。這幅紅財神唐卡是屬於寧瑪派和噶瑪噶舉傳承的唐卡。這是由十一世紀伏藏師扎巴謝恩(Trapa Ngonshe，1012-1090)所掘出的伏藏法。扎巴謝恩另一個重要的發現是發掘了《醫明四續論》。此幅唐卡主尊是紅財神，上方是諸佛菩薩傳承以及祖師們，下方則是財神諸尊。

紅財神唐卡，西藏東部地區，十九世紀，63.50x48.26cm，Shelley & Donald Rubin 收藏。

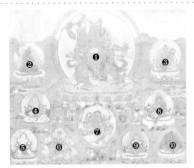

❶ 主尊紅財神，三面六臂四足，手中的持物有摩尼寶珠、裝滿珠寶的嘎巴拉、金剛小斧、金剛套索以及兩隻吐寶鼠。腳下踩踏兩位印度財神。

❷ 右手持金剛斧，左手持寶珠和吐寶鼠的紅膚財神。

❸ 持蓮花和與願印的紅膚女性財神。

❹ 財神護法毗沙門天，裸上身，騎獅，手持吐寶鼠和勝利幢。

❺ 持吐寶鼠的白財神。

❻ 馬主。

❼ 咕嚕咕咧佛母。

❽ 綠膚度母，持摩尼寶珠、無畏願和與願印，大王遊戲姿。

❾ 黃膚的財源天母，持稻穗和與願印。

❿ 紅膚財神，持摩尼寶珠和吐寶鼠。

咕嚕咕咧佛母

咕嚕咕咧佛母，又稱為作明佛母，是掌管權勢的佛母，也被視為財寶本尊之一。在許多續部裡記載，咕嚕咕咧佛母的本體是一切諸佛之母，外在化現為度母，以懷事業利益眾生，加持力非常大並且迅速。向咕嚕咕咧祈請，能消除業障、福慧增長、具權勢名譽、受部屬親友愛護等等。

此尊咕嚕咕咧，呈忿怒佛母造相，紅膚，四臂二足，三眼，忿怒相，頭戴骷髏冠，身披虎皮，戴著骷髏長項鍊，舞立姿。雙足踩踏白色人形，象徵克服執著。一雙手拉開弓箭，箭已上弦預備發射，弓表示征服三界，箭代表破除妄見，促成覺醒。另一雙手則分持長鉤與絹索，象徵勾住或綑綁不好的欲念或缺點。

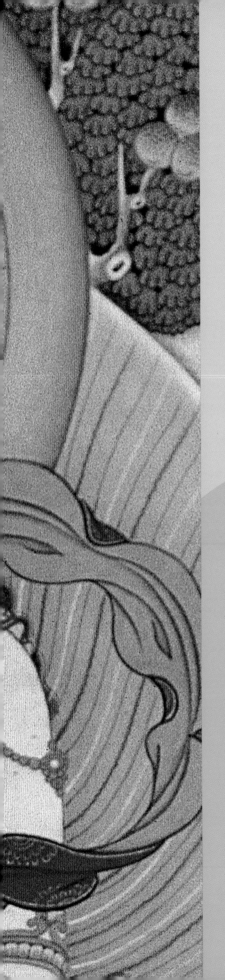

4

財源天母
深受藏人喜愛的女性財神

財源天母是藏傳佛教重要的女性財神，
強調現世財富與利益。
源自於古老的印度女神，
到了佛教世界有多個名稱，
同時還是五姓財神的佛母。

財源天母的基本檔案

名字●財源天母，梵語Vasudhara，又作持世菩薩、黃色財續母

起源●源自古印度女神

部族●屬南方寶生佛之如意金剛部

屬性●女性守護神，也是五姓財神的佛母

重要辨識特徵●手持稻穗、寶瓶或摩尼寶珠

功能●掌管人世間財富、稻穀豐收

經典●雨寶陀羅尼經、持世陀羅尼經

財源天母心咒

[梵語] Om　Vasudhara　Svaha

[音譯] 唵　吠室達羅　娑婆訶

財源天母的心咒記載在《佛說雨寶陀羅尼經》，是由唐代不空大師所翻譯，此經另有兩個不同的譯本，分別是：唐代玄奘大師譯的《持世陀羅尼經》、宋代法天所譯的《佛說大乘聖吉祥持世陀羅尼經》。雖然有三種譯本，但都述及財源天母的根本陀羅尼，以及持誦財源天母的咒語所能獲得的無上利益與福德資財。

《佛說雨寶陀羅尼經》中記載，佛陀在憍睒彌國時，長者妙月前來請問得財寶、除疾病的方法，佛陀告知過去無數劫以前，曾遇見持金剛海音如來，並由祂那裡得雨寶陀羅尼，若能受持、讀誦、思惟、計念，並為他人廣說流佈，則由此陀羅尼的威德力，可得快樂安穩，且令諸天悉皆歡喜而降下財寶穀麥。長者妙月聽聞以後，快樂而歸。後來，佛陀派遣阿難拜訪長者家，看見財穀充滿庫藏，阿難問佛陀其因由，佛陀回答說：「妙月長者，淨信於我，受持此雨寶陀羅尼，為一切有情宣說。……如來不異語故，此真言句，不可壞。」此咒漢譯名稱為「雨寶」，應該是形容財寶如雨般降落，而非指神祇來源和雨神有關。

財源天母的故事

財源天母源自印度河神

財源天母的梵名為 Vasudhara，原義是「持有寶物的女性」。其中，「vasu」原義是「善」或「寶」的意思，而「dhara」則為「持有」之意。財源天母的漢譯名字還有財續佛母、持世天女、寶源度母、雨寶菩薩等不同名稱，由於譯名繁多，經典中對其來源說法不一，在印度神話中的身份也較難確定。

其中最廣為流傳的神話，乃說財源天母的前身是頂頂有名的恆河女神恆伽(Ganga)。恆伽原是天界的女神，印度的創造之神大梵天認為，若要挽救地上受苦的民眾，必須利用天界的恆河來澆灌土地。因此，大梵天請求濕婆神在喜馬拉雅山舉行了一次世間最美妙最動聽的音樂盛會，這場音樂聖會感動了天上的恆河女神恆伽，自願下凡到人間。於是恆伽從濕婆神的頭髮分流而下，來到人間，變成一條永不乾涸的聖河，滋潤遼闊的土地。

根據《本續》所載，當迦葉佛住世時，財源天母曾因佈施功德而生三十三天，因此供養財源天母能為修行者帶來財富與珍寶，廣受眾生的歡迎。在藏傳佛教裡，財源天母在瑜伽續和無上瑜伽續的修持系統中擔任五姓財神藏巴拉的佛母，同屬於南方寶生佛之如意金剛部。

[梵名]	Vasu	dhara
[原意]	善或寶	持有
[譯名]	財源天母、持世女神、寶源度母、雨寶菩薩	

財源天母就是寶源度母

觀音菩薩的眼淚幻化成綠度母，綠度母又變化出二十一度母，財源天母即是其中的寶源度母。

財源天母原始造相的持物是稻穗，象徵大地豐收、穀物富足。在二十一度母中化身爲「寶源度母」。度母即「救度佛母」的簡稱，梵名爲「Tara」，音譯爲「多羅」，又稱爲「多羅母」，爲西藏密教中最美麗與最慈悲的女神。

《度母本源記》記載，觀音菩薩在無量劫前，已普度了無數眾生。可是有一天，菩薩用她的慧眼觀察六道，發現受苦受難的眾生並未減少，頓時心生憐憫，眼淚自雙眼汨汨流出，淚珠變成了蓮花，蓮花又變成了綠度母，接著又變出了二十一尊度母。《綠度母頌》中記載，二十一度母是綠度母的不同功德所化現，對她們的慧能分別都有詳盡的表述。相傳阿底峽尊者在印度摩揭陀國的菩提迦耶地方修法時，曾見過二十一度母的尊容，並將二十一度母傳到了藏地，也就是現在人們所熟悉的二臂但身色不同的二十一度母。在《丹珠爾》續部中也記載了二十一度母的密修法門。她們的形象有善面、半忿怒、極忿怒相等。

四臂財源天母
財源天母遠從印度來到西藏，有諸多名號，一直頗受人們愛戴。此尊財源天母纓絡飾身，採大王遊戲姿，三隻手分別持著稻穗、寶物、寶瓶，另一隻手則持與願印，象徵給予世間人滿滿的財富。(陳慶隆先生提供)

財源天母的法相

財源天母最早的持物是稻穗，在古代稻穗象徵財富與大地豐登，後來的持物增添了摩尼寶珠、寶瓶等來做為財富象徵。財源天母法相有三種主要形式：分別是二臂、四臂和六臂形式。身體表現都是豐胸細腰的曼妙身材，採大王遊戲姿，在蓮花座上，左足平放於座上，左足舒立，腳下踩著蓮花。最主要辨識關鍵在於手上的持物。

●辨識關鍵

1 稻穗是最重要的持物
2 摩尼寶珠或是寶瓶

二臂形式

持物與持印

摩尼寶珠+無畏印

右手持朵白蓮花，蓮花上有摩尼寶珠。有時可見財源天母手上持物是稻穗或裝滿稻穗的寶瓶，象徵豐收富足。左手結無畏印，象徵佈施無畏給眾生。

稻穗+寶瓶

另有一種持物形式是右手持稻穗，左手持寶瓶。

六臂形式

一面六臂二足,大多是紅膚,豐胸細腰。
纓絡珠寶飾身。採大王遊戲姿,右腳下踩
著法螺、寶瓶和寶蓮。

持物與持印

稻穗

稻穗是財源天母最原始而基本的持物。象
徵五穀豐登與衣食富足。

寶瓶

寶瓶是「對佛法的禮敬」以及財富的重要
象徵。

經書

梵語poli、pustaks,智慧的象徵,這原是
文殊菩薩、心經女神的重要持物。

念珠

梵語malla,念珠也是四臂觀音的重要持
物之一。

寶物

六臂財源天母除了拿稻穗、寶瓶之外,多
出來的手還加給她更多的寶物。

與願印

右手結與願印,象徵施與信徒的願望。

四臂形式

持物與持印

四臂財源天母的持物則是稻穗、寶物、寶
瓶,手印則是與願印。

財神天母唐卡賞析

這是一張十九世紀財源天母唐卡。中央主尊是二臂財源天母，兩旁是祂的眷屬，共有八位女神。上方是諸佛菩薩和傳承祖師，下方是財神諸尊。

1. 阿彌陀佛 (無量壽佛)	7. 財源天母的眷屬	13. 騎著大肥鼠的象鼻天
2. 四臂觀音	8. 財源天母的眷屬	14. 財神護法
3. 祖師	9. 三面六臂紅財神	15. 馬主
4. 祖師	10. 黃財神	16. 龍女
5. 菩薩	11. 白財神	17. 黑財神
6. 菩薩	12. 綠財神	

財源天母唐卡，西藏地區，十九世紀（陳百忠先生提供）

5

白摩訶迦

由大黑天轉化來的財神

白摩訶迦羅，
是由大黑天(或稱摩訶迦羅)，轉化而來，
一向是薩迦派和噶舉派的重要財神本尊，
能施與世間財富與長壽。
要注意的是，大黑天有多種形貌，
但只有白摩訶迦羅才是財神，可千萬別搞錯了。

白摩訶迦羅的基本檔案

名字●白摩訶迦羅，梵語 Shadbhuja Sita Mahakala，

藏語 gon po kar po chag drug pa

起源●由大黑天(Mahakala)轉化而來，是觀音菩薩示現

的財神本尊

屬性●護法神

重要辨識特徵●白膚，立姿，重要持物是盛滿珠寶的

嘎巴拉以及摩尼寶珠

功能●施與財富和長壽

白摩訶迦羅的故事

從大黑天轉化來的財神

白摩訶迦羅，梵語 Shadbhuja Sita Mahakala。其中，梵語 Mahakala，Maha 意譯是大，kala 是黑，Mahakala 的意譯是大黑，引申為「大黑天」。直接音譯為「摩訶迦羅」或「瑪哈嘎拉」。至於 Shadbhuja 是六臂的意思，Sita 是白色的意思。因此，Shadbhuja Sita Mahakala 完整的意思是「六臂白色大黑天」，又因手持摩尼寶(如意寶)，又有人稱他為「白六臂如意寶依怙主」。

◎來自印度的廟宇保護神

要認識財神白摩訶迦羅，必須先認識大黑天。在古代印度，大黑天是位軍神或戰神，而在西藏成為非常重要的護法。傳說他是文殊菩薩與觀音菩薩聯手降伏的一位神祇，但也有他是觀世音菩薩忿怒相的說法。大黑天的長相是典型護法的忿怒相──赤髮衝天，火燄濃眉，忿恨皺眉，三眼怒目，捲舌露牙。大黑天的暗藍色皮膚，於晦暗不明的廟宇，格外令人感到凶忿恐怖，藉此達到遏阻邪魔，保護廟宇的功能。

◎西藏人的帳篷守護神

大黑天起源甚早，原屬印度教的神祇，前後在不同地區產生四種屬性的轉變。據聞龍樹大師(Nagarjuna，大乘佛教中觀派的奠基者，約 2～3 世紀)散步於恆河，發現漂浮於水面的印度神祇大黑天。隨後，帶回那爛陀寺(Nalanda，印度重要佛寺)，將祂收編成為印度佛教的「寺廟守護神」，這

帳篷守護神大黑天
大黑天源自於印度印神祇，來到西藏後逐漸成為藏域守護神，後來擴及為西藏、蒙古和尼泊爾地游牧民族的帳篷守護神，又稱為寶帳怙主，聲名遠播。(陳慶隆先生提供)

是第二次屬性的變化。第三次，則是十一世紀時，偉大的翻譯師仁欽桑布(Rinchen Sangpo)引進大黑天入藏，該神祇的任務不僅是扮演寺廟的護法，也成為保護眾生的藏域守護神，藏人相信大黑天可為貧窮無福的百姓帶來福報。

在過去的歷史中，西藏、蒙古與尼泊爾等地不乏頻繁的經濟交流，這些高原民族透由商旅遊牧方式，進行彼此的貿易。遊牧旅行途中須安置帳篷，期間難免會遭遇惡劣氣候，大黑天在此刻便成為蒙、藏、尼共同的「帳篷守護神」，這是最後一次屬性的變化。因此，在大黑天唐卡的角落裡常見的騎馬商隊，就是代表供養此尊的商旅。

◎是觀音的忿怒化身

長得醜陋又兇猛的大黑天，西藏民族除了把他視為帳篷的守護神，能戰鬥、息災，更重要的是，他也是慈悲的觀世音菩薩的忿怒化身。

傳說，觀音菩薩誓願救度六道眾生，但當祂知道以寂靜法相出現並無法馴服墮落眾生時，為了不讓他們繼續墮落，便決定以忿怒尊的威嚇法相顯現，來施以慈悲救度。觀音發出暗藍色的咒語種子字「吽」，而這個字化身為強大的忿怒尊大黑天。阿彌陀佛和十方諸佛都讚嘆觀音的方法，並且預言：大黑天一定會成為無敵的佛法保護者，啟發眾生的智慧和慈悲。因此，在藏傳佛教裡，大黑天晉升為八大護法神之一，是掌管黑暗世界的護法神，有著一張最兇惡的面容，卻擁有觀音的慈悲心腸，在世間守護佛法與佛法修行者。

由「印度教」神祇，轉換成印度「佛教」的廟宇守護神，傳入西藏又成為兼具保護廟宇與窮人的護法，最後擴及到西藏、蒙古與尼泊爾等地區成為「帳篷守護神」，以及黑暗世界的護法神，大黑天威名遠播，影響的年代與地區深遠，是西藏最重要的護法。

◎增益的財神護法

大黑天的本質是具戰鬥屬性的護法神，有眾多造型，但以藍黑膚為主，常見有二臂、四臂、六臂等類型；但只有白膚的六臂大黑天的造型是增益的財神屬性，是屬於事部密續的財神本尊，被薩迦派視為最高階的財神護法，能帶給修持者物質及精神上無盡的財富。

大黑天原型的傳說

大黑天的原型來自印度的濕婆神(Siva)。濕婆神是印度的破壞之神，有上千個化身，威羅瓦(bhairava)是濕婆神上千化身之中最恐怖的化身。有一次濕婆與梵天爭論，誰是真正的宇宙創造主，結果濕婆落敗。落敗的濕婆惱羞成怒現恐怖相，稱為威羅瓦，舉刀砍下梵天的第五個頭，使得後來的梵天只有四個頭。而這恐怖的威羅瓦便是大黑天的前身。所不同的是威羅瓦是個令人恐懼的神，大黑天卻是面惡心善、具有悲憫心的神祇。

六臂白摩訶迦羅
典型具有財神屬性的白摩訶迦羅
的最大特徵是白膚，其次是中央
的一雙手分別拿著摩尼寶珠和盛
著甘露、長壽瓶的嘎巴拉。

白摩訶迦羅的法相

大黑天有多種造型，但只有白摩訶迦羅(白膚立姿的大黑天)才是財神本尊，其他造型都不是，千萬別搞錯了。

●辨識關鍵

1 一面六臂二足

2 白膚

3 手持摩尼寶珠（請注意：祂是不拿吐寶鼠的）

1 長相

面容身軀

一面六臂二足，白膚。典型的忿怒相，臉上繪有火燄紋。第三隻眼代表洞悉之眼、智慧之眼，這是護法神的重要象徵。

衣飾

護法裝。穿著華麗衣裳，頭戴珠寶冠，身上配戴寶珠項鍊。

姿勢

立姿。腳踩二尊白色象頭神。通常藏傳佛教藉此表達克服或消除重大障礙。

2 持物

嘎巴拉

這是常見於護法或守護神的持物。缽中如果盛血則象徵捨棄生命，盛甘露則是智慧的象徵，通常與金剛鉞刀成對使用。白摩訶迦羅的嘎巴拉，裡面有甘露，還有一長壽寶瓶，表賜予福慧資糧與無死長壽的成就。

金剛鉞刀

象徵斬斷妄念、驕慢和貪戀。金剛鉞刀通常是與嘎巴拉一起使用。

摩尼寶珠

財富的象徵。這是白摩訶迦羅做為財神的象徵持物。

雙頭皮鼓

梵語 damaru ，可用來驅除邪魔。

金剛小斧

象徵斬斷妄想、妄念。

三叉戟

梵語 trishula ，象徵征服三界惡魔。

嘎巴拉

金剛鉞刀

摩尼寶珠

雙頭皮鼓

金剛小斧　　　三叉戟

大黑天的多種造相

大黑天的本質是具戰鬥屬性的護法神，以藍黑膚為主，常見有二臂、四臂、六臂等類型；而六臂又分為藍黑膚和白膚兩種形象，但只有六臂白膚的造型強調財神屬性。

大黑天隨不同時代、不同教派會有不同的「外貌」與「功能」。不同造相都具有以下的共同特徵：藍黑膚，忿怒相，第三隻眼，怒髮上衝，頭戴五骷髏冠，佩戴人首項環，身著虎皮裙；但姿態、持物則稍有不同。中央雙手持物是該尊最重要的關鍵識別物，其重要性勝過其他持物。

大黑天

二臂黑膚摩訶迦羅	四臂黑膚摩訶迦羅	六臂黑膚摩訶迦羅	六臂白膚摩訶迦羅
普賢如來王的化身。 戰鬥姿。 持物： 金剛鉞刀＋嘎巴拉。	勝樂金剛的化身。 立姿。 持物： 金剛鉞刀＋嘎巴拉＋寶劍＋三叉戟。	十一面觀音的化身。 戰鬥姿。 持物： 金剛鉞刀＋嘎巴拉＋髑髏唸珠＋雙頭皮鼓＋金剛繩索＋三叉戟。 腳踩白色象頭神。	聖觀音的化身。 立姿。 持物： 摩尼寶珠＋盛著珠寶和長壽瓶的嘎巴拉＋金剛鉞刀＋三叉戟＋雙頭皮鼓＋金剛斧。 腳踩白色象頭神。

說明 1

大黑天有多種造型，共同的辨識特徵：右手持金剛鉞刀，左手拿嘎巴拉，這兩樣法器是基本特徵。

嘎巴拉

金剛鉞刀

說明 2

比較「黑膚戰鬥姿」與「白膚立姿」。戰鬥姿者屬性是戰勝三毒取得智慧，而白膚立姿者不強調戰鬥，祂是財神屬性的大黑天。

立姿

戰鬥姿

說明 3

在藏傳佛教中，主尊腳底下踩踏各式各樣的「印度神祇」都是象徵「征服」、「克服」等意涵。例如征服瞋魔，就等同於克服自己的瞋恨心，也有解釋成「消除重大的障礙」。

被踩踏的「印度主神」各有不同的象徵缺陷，但不脫貪、瞋、癡、疑與慢。到底征服的是哪一種缺陷，可以從被踩踏的神祇的膚色來判斷。例如：紅膚印度神祇被視為貪欲，藍膚則屬瞋恨，白色的象頭可能就是象徵「執著」（或癡）。

踩踏姿

白摩訶迦羅唐卡賞析

這是一幅十八世紀的六臂白摩訶迦羅唐卡，是香巴噶舉派的財神本尊。整幅唐卡呈現在湛藍色的天空裡，主尊是白摩訶迦羅，四周有五位空行母圍繞，兩旁各繪有一座山，分別被白雪和樹叢所覆蓋，下面是藍色的海水。在唐卡最底下則繪有一排的供物。

白摩訶迦羅，忿怒相，有閃耀的第三隻眼，瞪目圓睛，橘色的火燄形頭髮；六臂，在中央的第一雙手分別拿摩尼寶珠以及盛滿珠寶、長壽瓶的嘎巴拉，高舉的第二雙手分持金剛鉞刀和三叉戟，第三雙手則持雙頭皮鼓和金剛小斧。全身穿戴珠寶瓔珞，身著絲綢。雙腳下踩踏著白色象頭神，周遭圍繞象徵原始覺悟的橘色火燄，火燄上裝飾著許多藍色、綠色珠寶。

右頁圖：
白摩訶迦羅唐卡，西藏地區，十八世紀，香巴噶舉派唐卡，68.58x43.18cm，Shelley & Donald Rubin 收藏。

5

白摩訶迦羅

紅色空行母

主尊摩訶迦羅的四周圍繞五位空行母,分別是白膚、藍膚、黃膚、紅膚和綠膚,她們的右手拿著金剛鉤,左手拿著盛著珠寶和長壽瓶的嘎巴拉,平和的面容上有第三眼,象徵克服貪瞋癡,穿著珠寶瓔珞與絲綢,呈現舞立姿。空行母是飛行於空中的女性神祇,代表宇宙陰性的法則智慧,與象徵慈悲的陽性法則結合,便是悲智合一。

白色空行母

黃色空行母

藍色空行母

綠色空行母

❶白色空行母
❷藍色空行母
❸黃色空行母
❹紅色空行母
❺綠色空行母

修持財神法門的 8 大觀念

1 佛法教人們去除貪念，為什麼還有財神法門？

佛法是教人不起貪念，為何又會有財神法門呢？這與人們對財富的需求有很大的關係。人們追求財富古今皆然，既然求財的觀念無法扭轉，那麼賺錢就要賺得有方法，不要為了求財起煩惱。若不想為求財起煩惱，人們該如何看待財富呢？財富究竟又是什麼呢？

有人以為，財富是一種金錢，有了金錢，出人頭地的日子將指日可待。再往上一層想，財富是一種資源，那麼人們如何看待這樣資源？又如何創造這些資源呢？在藏傳佛教裡提供了追求財富資源的態度與方法，那就是財神法門。

佛菩薩度化眾生有許多方便善巧的法門，財神法門是因眾生有很多煩惱，為了滿足、度化眾生的願，或解除眾生的痛苦所說的法門。教授這個法門是要人們去除貪念的，至於福慧什麼時候到來呢？這就要看眾生的福德因緣。若一心只為自己，就是一種貪念。貪念是一種煩惱，心生煩惱怎麼會得到福德與智慧呢？那是不可能的。

例如，當你佈施一些錢給乞丐，這是一個小小的善行，但你所發的菩提心及慈悲心，便積聚了許多的福德。如果你在佈施金錢的那一剎那，你觀想對方是財神本尊，你供養他，這樣你就積聚了更多的福德了。

在佛法裡，擁有財富的目的是要讓我們懂得佈施。佛法並沒有鼓勵你苦行或身無長物，你可以擁有很多錢財及很好的物質條件，重點不在於你要視財物如糞土，而在於你可以輕易地割捨。

2 修持財神法門的財富從哪來？

財富要從哪裡來呢？我們可由財神法門所創造的資源——外財、內財及密財，來了解財富到底哪兒來的。

● 外財

所謂的外財，就是人們眼中的直接利益。藏傳佛教裡擁有許多這樣具安慰性質的本尊，有些神祇是佛菩薩的化身，如黃財神是觀世音菩薩的化現，當人們遇到困難時，便會給予人們實質的幫助。例如：當你

做生意賠了幾百萬，想借錢又找不到人借時，或是被公司裁員，想找工作又找不到工作時，就是祈求財神給予直接利益的時候了。至於會不會應驗，誰也不知道？然而從另一個角度來看，當我們被生活逼得喘不過氣來，有一個對象可以祈求，心理上有個依靠，壓力自然減輕大半，壓力減輕了，人也冷靜了，就比較容易找到解決的辦法了。

● 內財

至於什麼是內財呢？即一顆易於滿足的心。修一顆易於滿足的心，首先得先學會佈施。佈施是捐錢嗎？如果說佈施可以累積福報，大概很多人拼了命都要去捐錢。佈施的確與福報有很大的關係，如同你想買房子，沒有存錢怎麼買？想要加薪，沒有引起老闆的看重如何加？想要經營一家飯店，沒有蓋大樓怎麼招攬顧客呢？想要這輩子有福報，過去世沒種下好因緣怎麼得，即使你求財神求了老半天，也沒用！這麼說來，佈施跟投資沒什麼兩樣嘛！我現在投資一百萬，數年後回收五百萬，這輩子捐錢給窮人一百萬，來世賺他個一千萬。表面上彷彿類似，然而佛法的佈施又比投資的意義來得更高深了。

投資二字畢竟與報酬率有關，今天我投資多少，明天就要連本帶利賺回來，佛法所說的佈施，卻教你不要有獲利的想法，甚至連佈施這兩個字都不能在腦子裡出現。佈施時，心裡想的不是自己的福報，而是眾生的利益。佈施的不只是錢，如果你連自己都可以佈施出去時，投資報酬率與你又有何用呢？套句現代人的用語，佈施應該是種另類投資。而且這種投資是連本都可不要了！

● 密財

佛經上曾記載了一個故事：佛陀涅槃百年後，印度出現了一個有名的國王叫阿育王，年輕的時候不信佛，中年以後開始信佛。他一生共修了八萬四千個佛塔。阿育王為何會與佛結下如此深的因緣呢？

很久很久以前，佛陀出來托缽化緣，遇到兩個小孩在路上玩泥巴，忽然看到了佛陀，非常恭敬。這時，一個孩子手裡正抓一把沙子，就說：這個供養你！另外一個小孩也至誠地隨喜了。於是佛陀預言，百年以後，以此功德，一個當治世的帝王，一個當輔相。阿育王就是那個供養沙子的小孩，他有供養佛陀的好因緣。

小孩子視沙子爲黃金一樣，於遊玩中無心供養了佛陀，無心佈施成就了最高的功德。當布施二字從未在心底出現，智慧自然會升起，財神法門中的密財——內在的佛性——也就顯現了。

3 上師傳財神法門最重視什麼觀念？

修財神法門可以得到財富，但若想與財神相應，第一，要發菩提心，所謂菩提心也就是求得正覺、眞道之心；第二要有慈悲心，爲利益大眾的慈悲心。在傳財神法門時，上師最強調發菩提心的重要性。

菩提心是要讓一切眾生成佛，而菩薩道的修行就是以幫助其他眾生做爲基礎，但主要的目的是摧毀自我，而非社會服務。不論我們做了多少善事，例如：到孤兒院照顧貧苦無依的孩子，捐獻金錢給非洲難民，或是做了多少資源回收等等，若是心中仍存在一個巨大的自我，在佛法裡都不能算是善行；但若自我粉碎了，不再自私，那就是利益眾生的事業。

一個人錢財多少與一個人的福德因緣有關，但並不代表一個沒有錢財的人就沒有福報。什麼叫福報，若一個人每天身心都很安樂，而且有機會接觸正確的信仰，這就是他的福報了。

更深一層來說，以世俗的眼光來看，一個擁有很多錢財的人就是有福報，但以佛法而言，一個人若無正確的財富觀念，擁有錢財也會成爲障礙。例如：當一個人心裡起了想賺大錢的意念時，貪念一起就有煩惱。煩惱如何賺錢？煩惱到底要賺多少錢才算夠用？煩惱賺到的錢會不會憑空消失？煩惱錢財一旦消失，會是多麼痛苦啊！想到這些過程，你覺得一個人擁有錢財就是擁有福報嗎？

一個人的福德資糧會有用完的時候。一般人喜歡跑道場或灌頂法會，但千萬不要以爲讓上師灌灌頂或摸摸頭，就會得到福德與智慧。一個修行者一定要根據上師在灌頂時的教導，以及儀軌的內容，每天精進修持才會得到福慧，一旦福慧顯現，也要持續不斷如法修持，上供下施，懂得珍惜，否則福慧可能在一瞬間就消失，隨順業力的牽引繼續輪迴受苦。因此，當我們求財或求福之前，一定要先有利益別人的

心，求財不是為圖榮華享樂，而是為廣興佛法！

4 修財神法門一定要接受加持、灌頂嗎？

倘若眾生未接受灌頂便供養或實修財神法門，僅能獲得少分利益，也無法獲得財物的成就。相對的情形下，圓滿財神灌頂之後，如同開啟一扇成就之門，可得到財神恆常護持，匱乏者重獲資財，富饒者更添財富，甚至可得成就與財神無二無別。

加持的真實意義有很多不同的層次。第一個層次來講，加持是一種形式，你可以經由加持的形式得到一些體悟，但這些體悟不是仁波切可以直接給你的。例如：當仁波切在吃一顆很酸的水果時，因為你知道酸是什麼樣的滋味，所以看到他的表情時，你就知道這顆水果是酸的，不必等仁波切把水果塞到你嘴巴裡時，你才知道。也就是說，佛不能把證悟直接給你，但他可以經由加持的形式告訴你，讓你得到一些認識和體悟。

第二個層次，是依你的福德有多少而產生。只要你個人的福德夠大，即使是世俗的一個小事情，也可以在你內心引發很多的福德。例如：你在博物館看展覽，看到菩薩相而心生歡喜，進而接觸菩薩的教導或佛教的思想，而這完全視你的福德而定；也就是說，菩薩或上師的加持，是依你的功德有多少，而不斷引發各種層次的福德。

第三個層次，若以勝義諦來思考，也就無所謂加持不加持了，因為加持在究竟的說法上，不過是一種幻象罷了。灌頂是一種清淨內心的過程。它真正的功能是一種助緣，使特定的因得以產生特定的果。密宗之所以稱作密，是因為有針對性，上師在傳法時是針對眾生根器的不同而作不同的解釋。在密教裡有上士道、中士道及下士道，各道又有內、外、密之分，內、外、密又各有不同的儀軌。因此想走在修行道上的人得多加注意。

給予灌頂的人，必須從他自己的上師得到過同樣的灌頂，而且他也必須修過所灌的這個本尊或密續的法，這些條件是絕對必要的，因為了悟的相續或灌頂證悟的相續，必須要出現在上師身上，灌頂才有效。

這個道理如同你想為某人倒一杯水，這個水從水龍頭經水管到水源，都必須有水才行；要是水龍頭壞了，或是水管接得不對，就算井裡的水再多，你也無法從那個水龍頭取得一滴水。這種不中斷的連接是給予和接受灌頂時非常重要的因素。

金剛乘上師相信弟子都具有佛性，就像一顆種子具有發芽的天生潛力，但是它也需要陽光、空氣、水、土壤、耕作等適當的助緣加以配合，才能展現它的潛能，灌頂就如同這些助緣一樣。金剛乘上師明白受灌頂者具有了悟佛性而成佛的潛能，因此以種種不同的灌頂儀軌將土弄鬆，為這顆種子澆水。但什麼是最好的灌頂呢？當然是由弟子的心理與煩惱狀態來決定。

5 修財神法門如何積聚資糧？

所有的修行一開始都要累積資糧，若無足夠的資糧，便無法繼續在修行的道路上前進。資糧就像一棟建築的地下室，若要往上修，下面的根基一定要打起來。建築的樓層愈高，地基一定要打得更穩；修行時若想要地基穩固，首先要累積資糧。

修財神法門要聚集的資糧有兩種，一種是福德資糧，一種是智慧資糧。但剛入門修行的人，還是先專注在聚集福德資糧上，因為聚集智慧資糧之前，一定要有足夠的福德資糧做為基礎才行。所謂的福德，就是一個人在一個適當的時間、地點，得到適當的幫助，因而成就了一件圓滿的事。

福德資糧並不抽象，日常生活中一切外在條件的配合就是福德資糧的顯現。就像我們人存在於這個世界上，隨時都可能遇到的種種條件或機會，如果當機會來臨時，我們不懂得把握或珍惜這個機會，這個機會便稍縱即逝了，這也是我們常常在佛教裡常講惜福結緣的重要，珍惜才有福氣。財神法門就是在取得福德資糧。

福德也是因緣果報的現象，它顯現在人身上的就是各種的機會或是人際關係等。人原本是群居的動物，只有靠著別人的合作、幫助和仁慈才能生存。回顧一下我們的生存方式，不難證明這個事實。我們需要

朋友的支持來解除心理的苦悶，需要他人的尊重來肯定自己的價值，需要基本的食物來維持起碼的生活，以及各種的資源來發揮自己的才能。一旦意識到這些都是累世的福德時，我們能忽略它在我們生活的重要性嗎？

所以即使在家居士也要堅守戒律，深信因緣果報的道理，若一切的事情只是為了自己方便，增加別人的痛苦時，我們要選擇讓別人不要痛苦。修財神法門即是如此，要觀修別人，而非觀修自己。減少造惡業的頻率，就是增加種福田的機會。

6 修財神法門如何證得佛性？

任何財神法門都是證得佛性的方便法門，而修持的次第基本上是在修外財、內財及密財。

以修黑財神為例，修持的人通常都是從世俗面進入，從外財，也就是一般人眼睛看得到財富；然後再修內財，也就是修一顆容易滿足的心，當你的心容易滿足時，也不再覺得自己貧窮了；而後再修密財，所謂的密財，就是一種佛性的覺醒，覺醒到財神自己的佛性。

寂天菩薩曾說過一個故事：以前有一個很貧窮的農夫，不知道自己的房子是建立在一塊財寶地上，所以努力工作了一輩子，仍然一貧如洗。而眾生就像這位農夫一樣，不知道自己本身擁有最珍貴的佛性，因此即使花了再多的精神外求財富，到頭來還是如農夫般的貧窮。

證得佛性是條很漫長的路，是需要持續不斷的努力。雖然任何法門都可以證得佛性，但光是做一些祈請、誦經、用念珠持咒是不夠的。我們一旦皈依佛、法、僧三寶，每天都要注意一切身、語、意是不是都能跟法相應，不要違背大乘的慈悲心與菩提心，盡力地斷除身、口、意的惡業，然後盡自己最大的力量去行一切善。當身、語、意三門行善後，還要不斷地發願：為了利益眾生，自己如果能成佛該有多好，因此我一定要按照菩提道來修持，飽潤這顆珍貴無上的菩提心，並希望一切眾生也能究竟成佛。願尚未生起菩提心者生起，願已生起菩提心者永不退失，願菩提心持續增上直至圓滿成佛。

7 不同財神法門的法力有高低、大小之別嗎？

藏傳佛教有各種財神法門，都是引導眾生成就佛性的方便法門，並無所謂的高低之分。許多財神護法是佛菩薩的化現，而是依活動、功能性的不同來認識。

其實佛法沒有所謂的大法或小法，佛菩薩的本質是一樣的。很多的財神護法都是佛菩薩所幻化出來的，是為了解除人的痛苦而展現這樣的方便法，因此，初學佛者不應去分別財神的高低，任何人無論社會地位的高低或根器的不同，都可以修財神法門。

就佛法而言，佛菩薩的本質並無分別，人們看到的佛菩薩，為什麼會有白、紅、黑、黃、綠等顏色，而且有的是忿怒、有的是微笑等各種不同的形象呢？這是因為眾生不同，需求也不一樣，所衍生出的各種不同的形象啊！這就像你在街上逛街，每個人身上穿的衣服都不一樣。

換言之，佛菩薩的本質是毫無區別的，之所以會有修長壽的法門、修財富的法門，以及修智慧的法門，是因為眾生不同，佛菩薩為了每個不同根器的眾生所行的方便法門。例如：佛菩薩之所以化現藏巴拉的形象，是因應眾生在錢財上的需求，所行的善巧與方便。從這裡來思考，就可以了解蓮花生大師為何會幻化成財神，觀世音菩薩為何會化現成白財神。

佛法內所有的修行法門都是要眾生離苦得樂，每一個修法就是一個體系，財神護法毗沙門天的修法是一套體系，五姓財神也是一種體系，若硬要將財神的位階畫分清楚，反倒落入一種神道的概念。在此，要避免用這樣世俗的觀念來理解佛教。

8 怎樣了解財神選對法門？

為什麼有些人可以得到財富，有些人就得不到呢？這就牽涉到個人的誠心夠不夠了。就像要倒一杯水，若杯子是滿的，怎麼倒呢？每一個眾生都有佛性，但每一個人根器不同。根器沒有所謂高低，只有不同而已，每個人修這個法時發的誠心足夠，自然會有所相應。

眾人就像是盛水的盆子，當空中的月亮是普照一切時，無論地面上有多少盆子，都會出現同一個月亮，只不過，盆子中的水若很污濁的話，就無法看到這個月亮了。如同看電視，一旦頻道調對了，看得就很清楚，頻道錯了，怎麼看都不清楚。

因此，修習任何一種法門與個人根器有很大的關係，根器並非智商，根顧名思義就是根基的意思，也就是累世的資糧。器是一種容器，代表一個人的發心，發大願救度眾生的菩提心是上士道，發願及身成佛是中士道，發願離苦得樂就是下士道了。

在佛法裡，並非下根器者只修下士道的體系，上根器者就直接跳到上士道去了。實際上，上根器者表示根基很好，很快就可以通曉下士道及中士道的體系，或是他在上輩子裡已累積了很好的基礎，所以在修行的路上可以很快地進入甚深的修行功課，依照我們一般的說法，就是上博士班的意思，而要當到教授還要通曉很多東西。因此，每個人的根器不同，所適合的修行法門相對也就有所差別！

眾生修財神法門祈求的財富資源與自己生活需求有關，例如逐水草而居的游牧民族，求白財神時求的是身體健康；求黑財神時，求的是一頭羊走失了，牠會自己跑回來。但修財神法還有更深的意義就是凡事先想到別人而不是想到自己。例如：當你被倒會便要祈求黑財神，讓倒會者升起智慧及慈悲心，這樣對方就會把錢還你了，或以另一種方式來還錢。先是想到別人而不是想到自己，才是求財致富的關鍵。

每個人因緣不同，所以修的法門也不同；每一個教派都有一套自己的體系，同樣一尊財神，在不同的教派，它的作用就不一樣，有些財神在某些教派裡是護法，但在某些教派裡是本尊，就看上師傳承的是那一個法脈。所以，讀者在修法時要特別注意這點即可。

小百科系列　JM0006

財神小百科：藏傳佛教的財寶本尊

作　　　者／翁瑜敏、余怡
特 約 主 編／何聖芬
美 術 總 監／邱梁城
版 面 構 成／舞陽美術　張淑珍
協 力 編 輯／熊鳳至、黃景煬、吳家俊、邱文鴻、許經緯

總　編　輯／張嘉芳
編　　　輯／張威莉
行　　　銷／顏宏紋、李君宜
出　　　版／橡樹林文化
　　　　　　城邦文化事業股份有限公司
　　　　　　台北市民生東路二段 141 號 5 樓
　　　　　　電話：(02)25007696　傳眞：(02)25001951
發　　　行／英屬蓋曼群島家庭傳媒股份有限公司城邦分公司
　　　　　　台北市民生東路二段 141 號 2 樓
　　　　　　讀者服務專線：0800-020-299
　　　　　　24 小時傳眞服務：(02)25170999
　　　　　　讀者服務信箱 E-mail：cs@cite.com.tw
　　　　　　劃撥帳號：19833503
　　　　　　戶名：英屬蓋曼群島商家庭傳媒股份有限公司城邦分公司
香港發行所／城邦（香港）出版集團有限公司
　　　　　　香港灣仔軒尼詩道 235 號 3 樓
　　　　　　電話：(852)25086231　傳眞：(852)25789337
馬新發行所／城邦（馬新）出版集團【Cité (M) Sdn.Bhd. (458372 U)】
　　　　　　41, Jalan Radin Anum, Bandar Baru Sri Petaling,
　　　　　　57000 Kuala Lumpur, Malaysia.
　　　　　　電話：(603)90578822　傳眞：(603)90576622
　　　　　　Email：cite@cite.com.my

印　　　刷／海王事業股份有限公司
初版一刷／2006 年 7 月
初版四刷／2014 年 12 月
ＩＳＢＮ／986-7884-55-8（平裝）
定　　　價／350 元

城邦讀書花園
www.cite.com.tw

國家圖書館出版品預行編目（CIP）資料

財神小百科：藏傳佛教的財寶本尊 / 翁余敏，余怡
作 . -- 初版 . -- 臺北市：橡樹林文化，城邦文化
出版：家庭傳媒城邦分公司發行，2006[民 95]
122 面；19 x 26 公分 . --
ISBN 986-7884-55-8（平裝）

1. 藏傳佛教一修持　2. 菩薩

226.966　　　　　　　　　　　95006681